Der Autor

© Jörg Pohoretzki

WOLFRAM EICKE wurde 1955 geboren in Lübeck. Er arbeitete nach Abitur und Zeitungsvolontariat drei Jahre beim deutschsprachigen Dienst der BBC in London, danach beim Funk in Berlin, Baden-Baden und Hamburg. Lebt heute als freier Schriftsteller in Lübeck und schreibt Satiren, Märchen, Kindertexte, Lieder, Hörspiele und Bühnenstücke.
Weitere Bücher von Wolfram Eicke: «Wenn das Chamäleon rot wird – wer glaubt ihm, daß es sich schämt?» (Satiren, 1982), «Der Licht-Magnet» (Märchenroman, 1983), «Der kleine Tag» (Märchen, 1985), «Er wollte nur zurück auf den Baum» (Erzählung, 1986), «Der Nikolausstiefel» (Bilderbuch, 1987), «Der Windfotograf oder Gelb auf grünem Grund» (Erzählung, 1987), «Koma Koma» (satirischer Roman, 1987).

Wolfram Eicke

Das Pauker-Buch

Erkenne deinen Lehrer
und du hilfst dir selbst!

Mit Illustrationen von
Tilman Michalski

Rowohlt

rororo tomate
herausgegeben von Klaus Waller

14.–17. Tausend Februar 1988

Originalausgabe
Veröffentlicht im Rowohlt Taschenbuch Verlag GmbH,
Reinbek bei Hamburg, November 1987
Copyright © 1987 by Rowohlt Taschenbuch Verlag GmbH,
Reinbek bei Hamburg
Umschlagillustration Tilman Michalski
Umschlagtypographie Jürgen Kaffer / Peter Wippermann
Satz Bembo (Linotron 202)
Gesamtherstellung Clausen & Bosse, Leck
Printed in Germany
680-ISBN 3 499 12159 X

Inhalt

Zum Geleit 7
Der Öde 9
Blick ins Leben 12
Der Sadist 13
Der Gestörte 16
Der Weltmännische 19
Der Wirrkopf 22
Pauker privat:
Besuch beim Wirrkopf 25
Die Aufdringliche 26
Der Alternative 29
Der Demokrat 32
Der Charmeur 35
Blick ins Leben 38
Die Sauertöpfische 39
Der Buchhalter 42
Der Wehleidige 45
Der Kleinliche 48
Pauker privat:
Besuch beim Kleinlichen 51
Die Falsche 52
Der Durstige 55
Der Väterliche 58
Die Emsige 61
Pauker privat:
Besuch bei der Emsigen 64
Der Gehemmte 65
Der Perlenstreuer 68
Der Wichtige 71
Blick ins Leben 74

Der Umständliche 75
Der Gespaltene 78
Der Direkte 81
Der Gesunde 84
Blick ins Leben 87
Die Herrschsüchtige 88
Der Hohle 91
Pauker privat:
Besuch beim Hohlen 94
Der Lyrische 95
Der Schelm 98
Blick ins Leben 101
Die Gleichberechtigte 102
Der Geschmeidige 105
Der Große Pädagoge 108
Pauker privat:
Besuch beim Großen Pädagogen 111
Der Weltfremde 112
Der Unterforderte 115
Die Lockende 118
Der Müde 121
Der Mensch 124

Zum Geleit

WARUM ist unsere Welt so kalt geworden? Warum sind wir unfähig zu wahrer Kommunikation? Warum haben die meisten Menschen Schwierigkeiten, ihr Leben zu meistern? Warum kostet ein Bier mittlerweile vier Mark?

Schuld hat die Schule. Diese Schlußfolgerung zwingt sich nach der Lektüre einer brisanten Studie auf, die das bayerische Kultusministerium sicherheitshalber sofort zur geheimen Verschlußsache erklärte und deren Autor, der bekannte Systematikprofessor Dr. Erich Bausch, im Handstreichverfahren für unmündig erklärt wurde. Aber die Wahrheit läßt sich nicht verstecken. Mein Gewissen zwingt mich, an die Öffentlichkeit zu gehen, nachdem Bausch mir in einem Gespräch in der geschlossenen Abteilung des Landeskrankenhauses Neustadt seine revolutionäre Analyse erläutert hat.

Er weist nach, daß die heutige Schule das Ergebnis einer verhängnisvollen Fehlentwicklung ist: Ursprünglich hatte niemand die Absicht, kindliche Gemüter durch das Eintrichtern unsinniger Zahlenreihen und Grammatik zu zerstören. Man wollte den Schülern Menschenkenntnis vermitteln, indem man ihnen ein reichsortiertes Panoptikum unterschiedlichster Paukercharaktere vorführte, an denen sie sich reiben könnten. Die Fächer hatte man nur spaßeshalber erfunden, um den Lehrern eine Legitimation für ihr Erscheinen im Klassenzimmer zu geben. Ein verbindlicher Schlüssel sollte die Zusammensetzung des Kollegiums regeln.

Dazu kam es jedoch nie. Statt dessen setzte sich die irrige Überzeugung durch, bei den Fächern handele es sich um sinnvolle Lerninhalte, und Pädagogen wurden fortan nicht nach ihrer Persönlichkeit, sondern nach ihren Examenszensuren für den Schuldienst ausgewählt.

Die Folgen sind, wie man weiß, katastrophal. Jugendliche treten unvorbereitet ins Leben, weil man versäumt hat, sie behutsam mit den verschiedenen Menschentypen vertraut zu machen. Hier fehlt der Schelm, dort der Sadist, mancherorts unterrichten überwiegend Wehleidige, woanders Kleinliche oder Wirrköpfe – nur zufällig ergibt sich an wenigen Schulen ein ausgewogenes Mischungsverhältnis.

Dieses Buch präsentiert die Paukertypen, mit denen laut Professor Bausch ein junger Mensch vertraut sein muß, um für das Leben gewappnet zu sein. Wer feststellen muß, daß einer oder mehrere Charaktere in seinem Leben gefehlt haben, wird sich nicht mehr wundern, daß aus ihm nichts geworden ist. Von hohem Gebrauchswert ist diese Lektüre vor allem für Schüler: Die «Tips für Konfliktscheue» verraten, wie man den jeweiligen Typus günstig stimmen und für sich einnehmen kann. Möge ein aufmerksames Studium der folgenden Seiten fehlende Menschenkenntnis ausgleichen!

Der Öde

DER Öde sitzt weit weg hinter einer Nebelwand und redet. Kahl und trostlos erstreckt sich zwischen ihm und den Schülern eine Wüste in lähmender Windstille. Die Schüler dösen. Langsam schleppen sich die Zeiger über das Zifferblatt. Der Öde redet. Ab und zu vergewissert sich seine tastende Hand, ob die Brille noch auf der Nase sitzt. Sicherheitshalber trägt er sie an einem dünnen, unauffälligen Halsband. Er redet langsam, er führt aus, er erklärt, langatmig, umständlich, er vertieft, er wiederholt, schweift ab, verliert sich in Belanglosigkeiten. Schlaff hängen die Schlaufen seines Brillenhalsbandes an den Wangen herab. Er ahnt, wie er die Schüler anödet, aber er hat sich daran gewöhnt, seine Stimme zu hören, und er schwadroniert schwermütig weiter.

Nichts geschieht. Selbst ein Gespräch mit dem Banknachbarn wäre zu anstrengend, auch Kartenspielen oder Männchenmalen lohnt nicht. Wenn der Öde redet, ist jeder Bewegungsdrang erloschen. Gerade erzählt er schleppend, daß heute morgen sein Auto kaum anspringen wollte, ja, kalt sei es, ein erstaunlicher Frost. Aber sein Nachbar, der habe einen Diesel... Bleierne Schwere senkt sich auf die Augenlider.

Kaum ein Schüler könnte auf Anhieb das Fach benennen, das der Öde unterrichtet. Er sitzt hinter der Nebelwand und redet. Die Wüste flimmert. Der Öde ist eine verschwommene Fata Morgana, eine einlullende Sirene. Er scheint auch nicht zu verlangen, daß jemand aus seinen Nichtigkeiten das Sinnvolle und Wichtige herausfiltert oder gar speichert. Sein langatmiger Exkurs über die Zuverlässigkeit und Sparsamkeit von Dieselmotoren im allgemeinen steht nur in vagem Zusammenhang mit dem Absolutismus unter Ludwig XIV., der, wie er nachher im Klassenbuch eintragen wird, Thema

der heutigen Stunde war. Einer höchst anstrengenden Stunde, wie die Schüler anschließend feststellen, denn nichts ist strapaziöser, als sich in drückender Trostlosigkeit wachzuhalten.

Was lernen wir von ihm fürs Leben?
Durchhaltevermögen (kommt insbesondere angehenden Bundestagsabgeordneten und anderen Mandatsträgern für die Arbeit im Parlament zugute).

Tip für Konfliktscheue:
Siehe «Der große Pädagoge» (Seite 108).

Blick ins Leben

Einen grausigen Fund machte 1983 der Hausmeister Wilhelm F. am Gymnasium in G.: Sechs volljährige Schüler, die *in allen Hauptfächern von einem Öden unterrichtet* worden waren, saßen starr im Klassenraum. Sie waren versteinert. Ihre Klassenkameraden hatten sich noch rechtzeitig erheben und aus dem Staub machen können. Zunächst wußte niemand, was man mit den Steingestalten anfangen könnte. Der Direktor jedoch handelte rasch: Er verkaufte die Gruppe an den greisen Bildhauer Tobias Randow. Dieser zog den Figuren Uniformen an und arbeitete sie in sein monumentales Kriegerdenkmal ein, das er somit trotz seiner Gicht noch vollenden konnte. So war die Sache noch einmal glimpflich ausgegangen. Dennoch sei vor einer Häufung des Öden im Kollegium gewarnt.

Jungen Menschen hingegen, die den *Einfluß des Öden vollständig entbehren* mußten, sind viele Berufschancen verbaut. Als Beispiel sei Eberhard M. genannt: Bei seiner Vereidigung zum Staatsdiener, mitten in der Rede seines Dienstherrn, sprang er plötzlich auf und machte hastig ein paar Kniebeugen. Das erregte Mißfallen. Mit seiner Karriere war es nun Essig; er mußte sich fortan als Zoowärter verdingen. Nur weil er nie gelernt hatte, das Phrasendreschen eines Beamten still über sich ergehen zu lassen!

Der Sadist

DER Sadist hat statt des Zweiten Staatsexamens die Jägerprüfung abgelegt. Leicht gebeugt geht er, mit langsamen, bedrohlich gleichmäßigen Schritten, die Mappe unter den Arm geklemmt. Als schnuppere er die Aura der Einschüchterung und Unterwürfigkeit, die sein bloßes Erscheinen im Klassenzimmer bewirkt hat, verzieht der Sadist seine Lippen zu einem betont freundlichen Grinsen, von dem er weiß, daß seine Schüler wissen, daß es falsch ist. Nach allen Seiten lauern seine Blicke hinter den großen Quadraten der Hornbrillengläser.

Mit Vorliebe quält er vor allem schüchterne Schülerinnen der Mittelstufe – wenn es sein muß, bis zum Nervenzusammenbruch. Bei der kleinen Annette zum Beispiel muß es sein. Sie sieht mit ihren 14 Jahren noch wie ein Kind aus und schafft es nie, in Gegenwart des Sadisten auch nur einen einzigen Satz zu sprechen, ohne sich zu verhaspeln und knallrot anzulaufen. Zur Kur läßt er sie am Beginn jeder Französischstunde vor die Klasse treten, um das Gedicht vom Fuchs und vom Raben aufzusagen, so lange, bis es endlich fehlerfrei klappt: «Maitre corbeau, sur un arbre perche, tenait en son bec un fromage...» Wenn sie einmal nicht schon nach den ersten Zeilen steckenbleibt, unterbricht sie der Sadist mit einer unvermittelten Zwischenfrage, die jeden Rest von Konzentration zunichte macht. Der Anblick ihres unkontrollierten Zitterns und der nur mühsam unterdrückten Tränen sind ihm eine große Freude.

Klassenarbeiten gibt er grundsätzlich erst in der Stunde zurück, wenn er eine neue schreiben läßt. Bis dahin weidet er sich an der Angst und Verunsicherung, die er kunstvoll durch inquisitorische mündliche Prüfungen schürt. Kein Schüler

weiß, weshalb er geprüft wird. Ist seine letzte Arbeit etwa noch schlimmer ausgefallen als ohnehin schon befürchtet? Vielleicht entscheidet diese Prüfung über meine Versetzung? «Ich habe dich gestern in der Stadt gesehen», wirft der Sadist unvermutet ein, «da warst du mit einem Mädchen zusammen. Ist das deine Freundin?» Stotternd verliert der Schüler den Faden und verpatzt die Übersetzung des nächsten Satzes. Der Sadist grinst und genießt.

Was lernen wir von ihm fürs Leben?
Wenn Lehrer grinsen, haben sie meistens einen Grund.

Tip für Konfliktscheue:
Verkleide dich bis zur Unkenntlichkeit, wenn du mit deiner Freundin spazierengehst, oder führe sie nur an weit entfernten Orten aus, wo der Sadist euch nicht erspähen kann.

Der Gestörte

D ER Gestörte weiß Bescheid: Kunst ist die Summe aus Sehen, Hören und Fühlen. Performance. Die Schüler werden begeistert sein.

Er legt eine Stockhausen-Platte auf. Alle modernen technischen Möglichkeiten nutzen! Eigentlich ist er ja selbst Künstler, hat sogar schon mal eine eigene Ausstellung gehabt, vor Jahren – wenn die Schüler wüßten! «Eierschalen!», ruft er und tänzelt um einen imaginären Gegenstand. Jetzt die Bilder! Er streckt eine großformatige Pappe mit zuckenden Armbewegungen hoch über den Kopf. «Klaviersaiten!» ruft er, «Meditation und Improvisation!» Aus dem Lautsprecher kratzende, metallische Geräusche, der Gestörte wippt mit dem ganzen Körper. Die Pappe zeigt ein schwarzes Dreieck.

Aber da sind die Schüler. In einer Bankreihe wird gelacht. Der Gestörte schwenkt diagonale Zebrastreifen. Was gibt es hier zu lachen? Wahrscheinlich hat einer von ihnen einen Witz erzählt. Kulturbanausen! Die nächste Pappe. Ein Balken und ein Kreis. Martin hat doch tatsächlich einen Kopfhörer aufgesetzt und drückt eine Taste seines Walkmans. Wedeln! Wedeln! Die Pappe zittert in den Händen. Angelika liest ein Comic-Heft. Soll er sie abmahnen? Nein, das würde die Performance zerstören. «Der Rhythmus des Weltalls!» ruft er und zuckt mit dem Kopf. Aber die drei in der Ecke spielen ungerührt Karten, auf dem offenen Tisch. Der Boden wankt unter den Füßen, aus dem Lautsprecher kreischt eine elektronische Rückkopplung. Was hat Silke in der Hand? Eine Colaflasche? Sie trinkt! Lehnt sich zurück und trinkt –

Jetzt ist er gestört. Alles kaputt. Na warte! Zornbebend

stürzt er auf sie zu, die Pappe in einer Hand, er weiß nicht mehr, was er tut, reißt ihr die Flasche aus dem Mund, schleudert sie, gänzlich von Sinnen, gegen die Wand –

Ein jäher Knall, Bersten von Glas, erschrocken reißen die Schüler die Köpfe hoch. Der Gestörte ist kalkweiß geworden. Bestürzt starrt er auf den dunklen Fleck an der Wand, er zittert. Braun rinnt die Flüssigkeit an der Wand herab. Auf dem Fußboden liegen Scherben. Jetzt läuft der Gestörte rot an, sein Körper zuckt, plötzlich hastet er mit wildem Blick zur Tür hinaus und flüchtet über den Flur. Er bleibt für den Rest des Tages verschwunden.

Aber zur nächsten Kunststunde ist er wieder da, und er versichert. daß alles Teil der Performance gewesen sei.

Was lernen wir von ihm fürs Leben?
Alles ist nur Theater, und das Stück hört niemals auf.

Tip für Konfliktscheue:
Trainiere anhand von alten Filmen Buster Keatons Gesichtsausdruck; so, wie er es schaffte, in grotesken Situationen ernst zu bleiben, wird es auch dir gelingen, die Stunden des Gestörten ohne unkontrolliertes Lachen zu überstehen.

Der Weltmännische

NIEMAND gibt so anschaulichen Erdkunde-Unterricht wie der Weltmännische. Es scheint kaum ein Land zu geben, von dem er nicht aus eigenem Erleben zu berichten wüßte. Kühne Abenteuer, Anekdoten, Vulkanausbrüche, Revolutionen – er war dabei.

«Ein Teufelskerl», finden die Schüler, obwohl sie ahnen, daß der Weltmännische sein Wissen aus der Vorortbücherei bezieht. Unscheinbar sieht er aus; schwächlich, blaß und aufgedunsen. Aber erzählen kann er. Und hat er nicht in der dramatischen Stunde, als Thailand auf dem Plan stand, sein Hemd aufgerissen und die vernarbte Brust gezeigt? «Das waren Verbrennungen dritten Grades, in Bangkok. Glück gehabt. Tja, so kann es aussehen, wenn neben einem eine Bombe hochgeht und man einen Schwerverletzten aus einem brennenden Auto rettet...» Wie gleichmütig er davon spricht! Die Schüler erschauern in Bewunderung.

Daß es sich bei den Narben um die Rückstände einer schmerzhaft entfernten Tätowierung handelt, braucht ja niemand zu wissen. Grau ist das Leben, bunt sind nur die Träume. Der Weltmännische weiß das, und er hat sich darauf eingestellt.

Auch in den höheren Klassen ist er beliebt. Hier nimmt man ihn zwar nicht ernst, hört ihm aber gerne zu. Seine Stunden sind Oasen der Entspannung. Den Weltmännischen ficht es nicht an, vor Jugendlichen den Narren zu spielen. Er und die Schüler haben ihren Spaß dabei, Punktum. Manchmal besinnt er sich jedoch seiner Lehrerwürde. Wenn er etwa mündliche Prüfungen androht, hilft ein einziger Satz, um ihn in seine Schranken zu weisen: «... was ich über Argentinien weiß? Ach ja, Sie erzählten, Sie seien dort mit zwei Guerille-

ros auf Wildpferden um die Wette geritten...» Das genügt, der Weltmännische senkt beschämt den Blick. So ihm zurückgegeben, klingen seine Lügengeschichten besonders platt und lächerlich. Um nicht daran erinnert zu werden, klappt er das Notizbuch zu und erzählt eine neue Geschichte, in die sich diesmal ein leiser Hauch von Wehmut schleicht.

Was lernen wir von ihm fürs Leben?
Ob Taunus, Taiga, ob Prärie: Die Welt ist groß – entdecke sie!

Tip für Konfliktscheue:
Frage ihn, ob es auf Hawaii wirklich kein Bier gibt – er muß es ja wissen.

Der Wirrkopf

Der Wirrkopf hat sich als Perfektionist getarnt, und die Schüler staunen über sein durchorganisiertes Ordnungssystem. Für alles hat er eine Extraliste; jeder Schüler wird offenbar in mehreren Karteien geführt. Ständig blättert er in einem Stapel loser Blätter, notiert, sortiert und legt neue Listen an. Bewundernswert, wie er den Überblick behält, kein Schüler würde sich darin zurechtfinden.

Der Wirrkopf auch nicht. Sein Lehrerkalender, in den er noch immer alles nachtragen will, ist weiterhin leer und meistens unauffindbar. Da hilft es nichts – ein frischer Zettel muß her.

Wenn er die Listen für die Zeugniskonferenz ordnet, stutzt er bei manchen Aufzeichnungen. Auf einem Zettel steht nur: «Martin: 2». Das kann eine wider Erwarten gute mündliche Leistung bedeuten; der Wirrkopf versucht, sich zu erinnern. Vielleicht aber hat Martin auch zwei Mark in die Klassenkasse eingezahlt? Oder ist er eines Tages zwei Stunden zu spät gekommen? Das Klassenbuch ist nämlich auch nur selten zur Hand, wenn es gebraucht wird. Aus Fairneß entscheidet sich der Wirrkopf für die erste Möglichkeit, auch wenn sie die unwahrscheinlichste ist.

Martin hingegen ist froh, nie wieder auf die beiden verbummelten Bücher angesprochen zu werden, die ihm der Wirrkopf vor Monaten zu Nachhilfezwecken geliehen hat. Auf welche Weise diese Lektüre seine Leistungen in Englisch steigern sollte, ist ihm ohnehin unklar: es handelte sich um zwei Werke über die germanische Lautverschiebung. Wahrscheinlich war dem Wirrkopf wieder einmal etwas durcheinandergeraten. Wie neulich, als er erst nach dem Austeilen der Arbeitsbögen feststellte, daß er statt einer Textpassage aus

«Effi Briest» versehentlich seine Scheidungsurkunde fotokopiert hatte.

So kann es nicht weitergehen, weiß der Wirrkopf, und alle paar Wochen ersinnt er ein neues System, um der Zettelwirtschaft abzuhelfen. Er gliedert, katalogisiert, legt neue, übersichtlichere Listen an, kauft Ringbücher, Karteikarten und für jeden Sachbereich einen andersfarbigen Kugelschreiber – aber schon nach wenigen Tagen ist er unsicher, was er nun mit Grün, Blau oder Schwarz eintragen wollte, der Rotstift ist verschwunden, im gelben Ordner fehlt das Register, und sein Aktenköfferchen quillt schon wieder über von Bergen neuer Notizzettel. So kann es nicht weitergehen, weiß der Wirrkopf...

Was lernen wir von ihm fürs Leben?
«Der Mensch in seinem dunklen Drange ist sich des rechten Weges wohl bewußt» (Goethe, Faust I).

Tip für Konfliktscheue ab 18 Jahre:
Tröste ihn mit dem Hinweis, daß du selbst beim dritten Anlauf der praktischen Führerscheinprüfung Gaspedal und Bremse verwechselt hast.

Pauker privat:
Besuch beim Wirrkopf

«Ich werde Spanisch lernen! Wie finden Sie das?», erzählt der Wirrkopf begeistert und schiebt uns einen Teller mit altbakkenen Plätzchen zu. Den frischen Kuchen, den er eigens unseretwegen gekauft hat, kann er in der Unordnung der Küche nicht finden. «Ein Freund von mir will sich in Südamerika niederlassen. Das ist die Chance! Sobald ich Spanisch kann, hält mich nichts mehr hier. Ab nach Venezuela! Dort werde ich eine Schule für Analphabeten aufmachen. Und gleichzeitig kann ich alles über die indianische Kultur lernen...»

Der Wissensdurst des Wirrkopfs ist schier unerschöpflich: nacheinander belegte er an der Volkshochschule Kurse in Ölmalerei, Computerprogrammierung, Französisch und Volkswirtschaft. Das war jedoch alles nicht das Richtige, und nach jeweils zwei Abenden brach er die Kurse ab. «Aber Spanisch! Kennen Sie die lateinamerikanische Folklore? Ich habe mir fest vorgenommen, Flamenco zu lernen. Mein Haus soll Treffpunkt für Musiker, Literaten und Künstler sein, und bis morgens um drei klimpern wir auf unseren Gitarren...» Wir hören höflich zu und verlieren kein Wort über das staubige Saxophon in der Ecke, das der Wirrkopf im vorigen Jahr gekauft hatte, als er eine Karriere als Jazz-Musiker in New York anstrebte.

Zwei Stunden später, auf dem Heimweg, kommen wir überein, daß es taktlos gewesen wäre, den Wirrkopf an den ursprünglichen Anlaß unseres Besuches zu erinnern: Er hatte uns eingeladen, um aus erster Hand Tips zur Gründung eines Verlages zu erhalten.

Die Aufdringliche

Die Aufdringliche hat uns eine – unbrauchbare – fünfseitige Selbstdarstellung zugeschickt, im Bemühen, als «Die Engagierte» Eingang ins Buch zu finden. Sie rief mehrmals täglich an, und, als der Herausgeber sich am Telefon verleugnen ließ, kam sie persönlich vorbei, um ihre Mithilfe bei der Zusammenstellung des Buches anzubieten.

Diese Art der Hilfsbereitschaft kennen die Schüler. Die Aufdringliche meint es gut, das weiß jeder; dennoch schrickt man bei ihrem Erscheinen unwillkürlich zusammen und weicht innerlich einen halben Schritt zurück. Sie tritt nicht ein, sie tritt auf. Ihr Make-up ist eine Spur zu grell, ihr Schritt eine Spur zu forsch, ihre Kleidung eine Spur zu modern (sie fährt vor jeder Saison extra zum Einkaufen nach Düsseldorf), und ihre Stimme ist eine Spur zu laut.

Rüdiger B., hat die Aufdringliche vom Hörensagen erfahren, sei vorletzte Nacht bei einer Rauschgiftrazzia in einer einschlägigen Discothek aufgegriffen worden. Nach dem Unterricht nimmt sie ihn flüsternd beiseite: «Mach dir keine Sorgen... ich habe schon eine Idee, wie *wir* aus der Sache rauskommen...» Einwände gelten nicht, längst hat die Aufdringliche sich selbst in den Fall einbezogen, ist persönlich beteiligt, als Retterin einer Schülerseele vor dem Absturz. Schon schleckt sie in genüßlicher Vorfreude die zu erwartende Dankbarkeit Rüdigers wie ein zartes Weinbrandpraliné. «Ich habe schon mit einem befreundeten Rechtsanwalt gesprochen. Du hast heute nachmittag um vier einen Termin bei ihm...» Die Aufdringliche, das weiß man, hat Beziehungen, zu Ämtern, Vereinen, Ärzten, Selbsthilfegruppen, Senatoren und Abtreibungskliniken.

«... aber wieso denn ein Rechtsanwalt?» fragt Rüdiger.

«Du brauchst mir nichts zu erzählen, ich weiß doch Bescheid... vorletzte Nacht auf dem Polizeirevier...» Und die Aufdringliche tätschelt verständnisvoll seinen Hinterkopf. «Das war doch gar nicht ich, sondern mein Bruder! Und er hat nichts mit Rauschgift zu tun – man hat ihn nur mit zur Wache genommen, weil er keinen Ausweis dabeihatte!»

Nur mühsam kann die Aufdringliche ihre Empörung beherrschen. Dieser Undank! Da rackert man sich ab, hat schon alles in die Wege geleitet... Rüdiger braucht sich nicht zu wundern, daß sie in den nächsten Tagen nur mit schnippischem Unterton zu ihm spricht. Aber schon hat sie eine neue Chance aufgespürt, die ihr zustehende Dankbarkeit zu ernten: Sylvia W., so wird erzählt, sei von ihrem Patenonkel vergewaltigt worden...

Was lernen wir von ihr fürs Leben?
In der Not ist es besser, allein zu sein, als sich einer aufdringlichen Person auszuliefern.

Tip für Konfliktscheue:
Laß die Aufdringliche nie wissen, daß du Konflikte hast.

Der Alternative

Der Alternative hat für alles Verständnis, ja, für alles – nur nicht dafür, daß Schüler Autorität und Zensuren erwarten. Auch daß sie über seinen Bart, die langen Haare, den verbeulten Norwegerpulli lästern, kann er nicht verstehen. Was hätte er damals, 1968, darum gegeben, selbst von einem so progressiv-dynamischen Jeans-Typen unterrichtet zu werden!

Er kommt in die Klasse, setzt sich leger aufs Lehrerpult. Seine Ankunft wird zwar registriert, ist aber kein Anlaß, den Geräuschpegel zu senken. Der Alternative lächelt verständnisvoll. Erst mal dem spontanen Lockerungsbedürfnis der Schüler freien Lauf lassen. Das Gemurmel schwillt an, die ersten laufen schon im Zimmer umher, kreischen, johlen. Der Alternative wedelt beruhigend mit den Armen.

Thema seines Unterrichts sind die Fragen: Wozu dient Deutschunterricht? Was machen wir im Deutschunterricht? Und er bittet um Diskussionsbeiträge. Er will «den durcheinandergeratenen Gruppenstrukturen in der Klasse einen Kristallisationspunkt bieten», erwartet immer noch, die Schüler würden ein längerfristiges Programm entwerfen, an dem auch er sich orientieren könnte. Um die Motorik der Schüler etwas zu besänftigen und gleichzeitig eine Beschäftigung mit ihrem aggressiven Verhalten untereinander zu erreichen, veranstaltet er Rollenspiele, die jeweils mit einer allgemeinen Schlägerei enden. Vorbei die Zeiten, als verliebte Schülerinnen ihm endlos lange Schals strickten und schenkten; er versteht selbst nicht, wer die Mauer zwischen ihm und den Schülern gebaut hat. Dabei entschuldigt er sich doch immer so nett: «Ich muß dir leider eine Fünf geben, aber ich meine es nicht so...»

Und die Jungen prügeln sich, und die Mädchen warten gottergeben auf das Ende der Stunde, während der Alternative diskutierend, besänftigend, schreibend, schreiend, tröstend und diktierend Unterricht hält.

Was lernen wir von ihm fürs Leben?
a) Nichts ist selbstverständlich; alles läßt sich problematisieren und diskutieren.
b) «The times they are a-changin» (Bob Dylan)

Tip für Konfliktscheue:
Das Wörterbuch «Soziologendeutsch» auswendig lernen und ab und zu Redewendungen daraus einfließen lassen.

Der Demokrat

Der Demokrat war schon immer einer, vor allem damals, und die Akten, die ihm eine angebliche SS-Karriere unterstellen, sind Fälschungen. Das deutsche Volk hat damals nichts geahnt, sagt der Demokrat; dennoch war er aktiv im Widerstand. Er gibt Erdkunde und Geschichte in der Oberstufe. Als Historiker ist er sich seiner Verpflichtung bewußt, die Schüler zu mündigen, freien Bürgern zu erziehen. Bei ihm lernen wir, daß weiterhin die Grenzen des Deutschen Reiches von 1937 gelten und daß an der Spitze einer starken Demokratie ein starker Demokrat stehen sollte. Er selbst findet, daß die Schule für Jungen Vorbereitung auf die Armee und für Mädchen eigentlich überflüssig sei.

Geht es in Geschichte um Cäsar, Alexander den Großen oder Napoleon, landet der Demokrat nach spätestens zehn Minuten beim Zweiten Weltkrieg, um Vergleiche anzustellen. An die Tafel zeichnet er den Frontlinienverlauf und erläutert, wie der Krieg gegen die Sowjetunion hätte geführt werden müssen und wie er unter seinem Kommando gewonnen worden wäre. Damals hat niemand auf ihn gehört – das hat Deutschland nun davon. Immerhin hat er seinerzeit zwei russische Panzer in die Luft gesprengt.

Sein Unterricht ist gewürzt mit anschaulichen Anekdoten aus großer Zeit. «Mitten in der Nacht plötzlich Wecken», erzählt er mit knarrender Stimme, «die ganze Kompanie auf einen LKW. Gehörte alles zur Ausbildung. Irgendwo, mitten im Wald: absteigen. In zwei Stunden in der Kaserne melden! Der LKW fuhr davon. Was haben wir gemacht? Ist doch Briefträgerwissen! Auf den Baum geklettert, und dann...» zur Untermalung schirmt der Demokrat seine Augen mit der rechten Hand und späht rings durch den Klassenraum,

«... da hinten ein Lichtschein. Ah, denk ich, das muß Frankfurt/Oder sein. Und dann: wir alle – marschiert.» Er zeigt, wie das geht. «Gesungen haben wir...» und der Demokrat stimmt marschierenderweise «Oh, du schöner Westerwald» an.

Natürlich hatten die Soldaten damals unter seiner Führung rechtzeitig die Kaserne in Frankfurt/Oder erreicht. Es zahlt sich eben aus, wenn man gelernt hat, sich zu orientieren.

Was lernen wir von ihm fürs Leben?
Es ist ausreichend, wenn ein paar zuverlässige Demokraten für uns entscheiden und denken; dann wird schon alles seine Ordnung haben.

Tip für Konfliktscheue:
«Oh du schöner Westerwald» auswendig lernen und bei Bedarf lauthals mitsingen.

Der Charmeur

DER Charmeur hat viel Verständnis für die Jugend, vor allem für die weibliche. Ohne Vorurteile gegen moderne Kleidung mustert er interessiert durchsichtige Blusen, kurze Röcke und weitausgeschnittene Kleider, die sich seiner Erfahrung nach am besten aus allernächster Nähe begutachten lassen. Daß er schon über sechzig ist und ein wenig sabbert, stört ihn nicht; schließlich hatte auch Johannes Heesters noch im hohen Alter Erfolg bei Frauen. Außerdem verfügt der Charmeur über ein sportliches Cabriolet, aus dem man so charmant Schülerinnen zuwinken kann, die mittags den Bus nehmen.

«Na, Frollein Karin, gestern abend wohl wieder im Kaiserkeller gewesen – wie?» vermutet der Charmeur nachsichtig, als seine Lieblingsdame beim Kopfrechnen höchst mangelhafte Resultate erzielt. «Jaja, auch bei uns haben früher die Wände gewackelt, hehehe...» und er streicht kokett eine Strähne seiner fettigen Haare über die graumelierten Schläfen. Frollein Karin darf sich setzen, selbstverständlich ohne Folgen für ihre Beurteilung. Ein Johannes Heesters, der eine Dame mit einer schnöden Zahl im Notizbuch zensiert, wäre eine höchst uncharmante Vorstellung. Lieber ruft er am Ende des Schuljahres seine persönlichen Eindrücke und Erinnerungen aus dem Gedächtnis ab.

Aber der Charmeur will seinem Gedächtnis nicht zuviel zumuten: Fehlleistungen der männlichen Jugend notiert er sicherheitshalber sofort. «Entweder ein Ergebnis ist richtig, oder es ist – hm hm hm – falsch!» lautet einer seiner Kernsätze, die er dann, plötzlich bar jeden Charmes, kurzatmig hervorstößt. Außerdem ist Mathematik ja eigentlich Männersache; es ist also nur gerecht, wenn er bei Jungen härter

durchgreift. Einem potentiellen Nebenbuhler wischt man ja ganz gern mal eins aus, vor allem, wenn er knuspriger ist als man selbst.

Was lernen wir von ihm fürs Leben?
Dem Charme der Macht hast du kleines Licht nichts entgegenzusetzen.

Tip für Konfliktscheue:
Entfällt – denn wenn du weiblich und hübsch bist, wirst du nie mit dem Charmeur in Konflikt kommen; wenn nicht, hast du ohnehin keine Chance.

Blick ins Leben

Fall A
Die Prostituierte Amanda B. (*Name vom Herausgeber geändert*) erzählt: «In der Schule habe ich gelernt, wie man sich gegenüber Männern verhalten muß, um erfolgreich zu sein.»

Fall B
Die Verteidigung des Heiratsschwindlers Clemens P. vor dem Oberlandesgericht in H. gipfelte in dem Bekenntnis: «In der Schule habe ich gelernt, wie man sich gegenüber Frauen verhalten muß, um erfolgreich zu sein.»

Bei Überprüfung der Lebensläufe stellte sich heraus, daß beide Personen *von einem Lehrkörper geprägt* waren, *in dem der Charmeur dominierte*.

*

Auffällig ist der hohe Anteil an Junggesellen unter denjenigen Männern, die in ihrer Schulzeit *nie von einem Charmeur unterrichtet* wurden. Sie zeigten sich unfähig, charmanten Nebenbuhlern Paroli zu bieten, und überließen ihnen verwirrt ihre Herzensdame.

Die Sauertöpfische

DIE Sauertöpfische hat ihren Körper vertrocknen lassen und in strenge Kostüme gesperrt. Vom Leben ist nur das interessant, was sich formulieren und artikulieren, geistig umsetzen läßt. Platonische Liebe. Philosophische Epigramme. Gedichtinterpretation.

Unter ihren Händen gerinnt selbst die französische Sprache, die sie mit Leidenschaft unterrichtet, zu einem starren Klumpen lebloser Grammatik. «... zeigt der Dichter mit dieser Zeile ein fürwahr bewegendes Beispiel – für...?» Und jetzt muß von den Schülern der fragliche Begriff geraten werden. Die Sauertöpfische ruft jeden einzeln auf, schüttelt nach jeder Antwort den Kopf, ringt die Hände: «... das ist ein Beispiel – für...?» Und die Schüler starren auf die fragliche Textzeile, versuchen es mit «Verzweiflung an der Welt», «Todessehnsucht», «Schmerz», «Verlorenheit» – alles falsch. Mag die Sauertöpfische sie noch so beschwören, anklagen, zum Nachdenken aufrufen; das erlösende Stichwort bleibt aus.

Zum Schluß stellt sich wieder einmal heraus, daß es dem Dichter mitnichten um die Inhalte und Gefühle ging, die er beschrieb, sondern lediglich um ein bewegendes Beispiel für den Gebrauch des Akkusativs. «Das ist doch so einfach, so klar!», ruft die Sauertöpfische. «Die Franzosen! Diese Leichtigkeit; diese göttliche Sprache!» Und sie fährt fort, blühende Poesie zu Trockenblumen zu pressen.

Sie weiß genau, daß die Schüler sich nicht gegen sie auflehnen werden. Ihr gallenbitterer Blick läßt sie so kränklich aussehen, daß niemand verantworten mag, einen etwaigen Nervenzusammenbruch zu provozieren. Dank dieser Gewißheit kann sie ungestört weiter versuchen, bei der Jugend die Liebe zur französischen Literatur zu wecken.

Was lernen wir von ihr fürs Leben?
Geist ist nur ein höchst mangelhafter Ersatz für sinnliche Freuden.

Tip für Konfliktscheue:
Laß dich von einem Tierpräparator mit Stroh ausstopfen.

Der Buchhalter

DER Buchhalter vermittelt kein Wissen, er verwaltet es. Mit Stolz ist er ehrenamtlicher Feuerobmann der Schule und überprüft anhand von Listen, ob die von ihm eingeteilten Schüler regelmäßig die Funktionsfähigkeit der Feuerlöscher kontrolliert haben. Er trägt Nyltesthemd, Hosenträger und Bügelfalten.

Der Buchhalter gibt Mathematik, da hat alles seine Ordnung. Auch in der Oberstufe läßt er es sich nicht nehmen, am Beginn der Stunde durch die Bankreihen zu gehen und mit scharfem Blick die Hausaufgaben zu kontrollieren. Danach holt er seinen «Fahrplan» hervor, der den Rest der Stunde bestimmen wird. Mit diesem Scherzwort bezeichnet er den säuberlich geordneten Stapel bräunlicher Zettel, die trotz jahrzehntelangen Gebrauchs noch aussehen, als würde er sie wöchentlich zusammen mit seinen Hosen zum Bügeln geben.

Auf diesen Zetteln hat er als Student alle Aufgaben durchgerechnet, die ein junger Mensch braucht, um Verständnis für die Mathematik zu erlangen. Zur Freude der Schüler gilt dieser Fahrplan ebenso zuverlässig auch für die Klassenarbeiten. Man braucht sich nur alte Hefte aus einer höheren Klasse zu beschaffen und hat ausgesorgt. Zwar ist der Buchhalter immer wieder verblüfft, wie stark bei einigen Schülern mündliche und schriftliche Leistungen auseinanderklaffen, aber er beobachtet dieses Phänomen schon seit so vielen Jahren, daß er ihm nur noch wenig Bedeutung beimißt.

Graphische Darstellungen überprüft er anhand einer vergilbten Pergamentschablone, die er zum Vergleich auf die Schülerzeichnungen legt: X-Achse auf X-Achse, und Y-Achse auf Y-Achse des Koordinatensystems. Lugt nur eine

einzige fremde Linie unter seiner Schablone hervor, gibt es eine Fünf. Aber 1964 hat der Schüler Axel B. vorgemacht, wie sich diese Art der Hausaufgabenkontrolle gefahrlos überstehen läßt: Drohend nahte der Buchhalter mit seiner alten Schablone. Axel hatte keine Zeit, die Zeichnung des Nachbarn abzupausen; es handelte sich um eine komplizierte geometrische Figur. Da zog er rasch mit dem Lineal zwei dicke gekreuzte Linien aufs Papier, und nichts weiter. Der Buchhalter enttäuschte ihn nicht: Ohne näher hinzusehen, legte er X-Achse auf X-Achse und Y-Achse auf Y-Achse von Axels Heft. «Stimmt!» rief er. «Deckungsgleich. Gut!» Und wandte sich schon dem nächsten Schülerheft zu.

Was lernen wir von ihm fürs Leben?
Hauptsache, du entsprichst äußerlich den Anforderungen einer alten Schablone; alles andere zählt nicht.

Tip für Konfliktscheue:
Lobe in seiner Gegenwart die Unbestechlichkeit und Zuverlässigkeit von Listen, Statistiken und Bilanzen.

Der Wehleidige

Der Wehleidige fühlt sich heute morgen nicht so recht, da ist so ein Stechen im Brustkorb. Sicherheitshalber ist er gleich in der ersten Stunde zum Arzt gegangen, man weiß ja nie – es könnte gefährlich sein. Den Schulleiter hat er vorsorglich wissen lassen, daß er wahrscheinlich erst übermorgen wieder Unterricht geben kann. Denn am Wochenende hat er es wieder im Rücken gehabt, der Arzt weiß auch nicht, was es ist... Schonung ist auf jeden Fall angebracht. Und sein Knie meldet sich wieder, das ist ja nun schon zwei Jahre her – beunruhigend, sehr beunruhigend.

Die Schüler warten seit drei Wochen auf die Rückgabe der Klassenarbeit, aber man kann sich doch nicht in Stücke reißen. Die Gesundheit geht vor. Gestern war da auch noch so ein seltsames Knacken im Handgelenk; der Wehleidige hat sich sofort mit der einschlägigen medizinischen Fachliteratur versorgt. Auch über Bronchitis, Gefäßerkrankungen, Rheuma, Nierenleiden und Gallensteine weiß er aus aktuellem Anlaß Bescheid.

Hausaufgabenkontrolle. Der Wehleidige ruft die Schülerin Pichler auf. «Fehlt!» schallt es ihm entgegen.

«Was hat sie denn?»

«Mittelohrentzündung.»

«Damit ist nicht zu spaßen... Ich selbst hatte ja auch kürzlich etwas mit dem Ohr...» Und der Wehleidige nutzt die Gelegenheit, ausführlich zu schildern, welch heimtückische Schmerzen ihn seinerzeit peinigten. Mit Nachdruck betont er jedoch, daß er niemals klagen würde. Im Gegenteil, er reiße sich geradezu vorbildlich zusammen, und erst neulich habe ein Kollege bewundernd angemerkt, wie erstaunlich zuverlässig er trotz seiner bedrohten Gesundheit den Pflichten des

Alltags nachkomme. Allerdings kann er leider nicht mit auf die Klassenfahrt, das lasse sein Herz nicht zu, und wie gesagt, das Knie...

Was lernen wir von ihm fürs Leben?
Horch genau in dich hinein: vielleicht klötert schon der Gallenstein.

Tip für Konfliktscheue:
Wünsche ihm Hals- und Beinbruch.

Der Kleinliche

DEM Kleinlichen begegnen wir auch nach der Schulzeit oft: Er ist der Mann mit Hut am Steuer des Wagens vor uns, der auf Landstraßen stets Tempo 40 hält und auf dem Fahrstreifen so weit links fährt, daß man ihn nur unter Lebensgefahr überholen kann.

Er ist immer pünktlich mit dem Klingeln in der Klasse. Sein schmuckloser grauer Anzug, obwohl tadellos aufgebügelt, wirkt leicht angeknittert, aber das liegt am Kleinlichen selbst: Er färbt auf den Anzug ab. Alles an ihm erscheint knitterig und knickerig, selbst die Fingernägel, die er akkurat gefeilt und absolut sauber hält. Wenn die Schüler bei Unterrichtsbeginn noch unruhig sind, schaut er so lange auf die Uhr, bis Stille herrscht. «Siebzig Sekunden – das holen wir alles nach. Die kleine Pause könnt ihr euch schon mal abschminken.» Das ist eine nüchterne Feststellung. Alles muß seine Ordnung haben.

Gefühlsduseleien kennt er nicht. «Es geht um Fakten, meine Herrschaften, um Fakten! Die Vorschrift sagt...» Und er deklamiert Paragraphen aus dem Schulgesetz, natürlich auswendig. Gesetze aller Art sind dazu da, buchstabengetreu eingehalten zu werden.

Bei den Oberstufenschülern stellt der Kleinliche einen beklagenswerten Mangel an Allgemeinbildung fest: «...alles durch diese moderne Pädagogik. Aber die Nebenflüsse der Donau können Sie nicht aufsagen...»

Täglich meldet er sich freiwillig zur Pausenaufsicht. Dort ist er in seinem Element. «Nicht zu nah an den Zaun! Lehnt euch nicht an die Mauer!» Denn Schulhofzaun und -mauer könnten verschmutzt oder gar beschädigt werden. «Und daß ihr ja keine Nüsse von dem Haselnußstrauch abreißt!» So ler-

nen die Schüler, daß in ihrer Reichweite Haselnüsse wachsen, was sie sonst nicht bemerkt hätten, und allpausentlich klettert nun in jedem Herbst ein Pflückkommando in den Strauch.

Gerecht will er sein, und das ist ihm einige Mühe wert. Nach jeder Stunde gibt er jedem Schüler Noten und trägt sie säuberlich in sein Notizbuch ein. So kann er sich absichern: «Am 19.3. hast du nichts gesagt, da steht bei mir eine Null...» Diese Absicherung ist ihm wichtig. Denn vor allem den älteren Schülern fühlt er sich unterlegen, er hat sogar Angst vor ihnen. Stets wittert er Auflehnung, Revolution. So hangelt er sich an einem selbsterstellten Koordinatengerüst aus strengen Regeln, Vorschriften und Zahlen durch die bedrohliche Welt, und zum Schutz vor Unbill trägt er noch am Steuer seines alten Opel Kadett den abgetragenen Hut.

Was lernen wir von ihm fürs Leben?
Palmström sieht die Sache richtig:
Das Leben ist gebührenpflichtig.
   (frei nach Christian Morgenstern)

Tip für Konfliktscheue:
Schenke ihm einen abwischbaren Schutzumschlag für sein Exemplar des Schulgesetzes!

Pauker privat:
Besuch beim Kleinlichen

Der Kleinliche lebt mit seiner Frau in einem schlichten Mietshaus. Da bekannt ist, daß er anspruchslos lebt und statt dessen sein Geld lieber in wertvollen Kunstwerken anlegt, sind wir entsprechend neugierig, welch erlesene Sammlung uns in seiner Wohnung erwarten wird. Es heißt, der Kleinliche horte neben Bildern und Skulpturen auch antike Möbel und Keramiken.

Er empfängt uns in einer muffigen Zwei-Zimmer-Wohnung, deren schäbiges Mobiliar an Schlichtheit nicht zu übertreffen ist. Auf seine Kunstschätze angesprochen, zwinkert er listig mit den Augen und zeigt uns ein mit Polaroidbildern vollgeklebtes Fotoalbum. Dort sind Ölbilder, Aquarelle und Plastiken berühmtester Künstler, kostbare Louis XV-Möbel, Perserteppiche, Schmuckteller und Geschmeide abgebildet. «Alles meins, alles meins!» freut er sich und reibt die Hände. Aus Sorge vor Dieben hat er seine Sammlung in einem gemieteten Banksafe gelagert. Jeden Freitagnachmittag läßt er sich gemeinsam mit seiner Frau für eine Stunde im Tresorraum einschließen, stellt zwei Klappstühle auf und arrangiert davor eine Auswahl an Gegenständen zu einem eindrucksvollen Stilleben. In die Klappstühle gelehnt, ergötzen sich beide wollüstig erschaudernd an ihrem ureigenen Besitz, so lange, bis die Digitaluhr piept und ein Herr von der Bank die Schätze wieder im Tresor einschließt. Bis zum nächsten Freitagnachmittag nimmt der Kleinliche mit dem Fotoalbum vorlieb und stellt im Geiste bereits das Stilleben zusammen, das er als nächstes vor den Klappstühlen aufbauen wird. Er ist eben ein Kenner, und was er hat, das läßt er sich nicht nehmen.

Die Falsche

DIE Falsche hat keinesfalls, wie mißgünstige Zungen behaupten, in Klassenräumen und Toiletten Abhörmikrophone installiert. Ihre Ohren sind so groß, daß sie auch ohne technischen Schnickschnack jedes Schülergeheimnis aufspürt und rechtzeitig zur Stelle ist, um Verständnis für Sorgen jeder Art zu bekunden. «Was flüstert ihr da? Sagt mir doch, was euch bedrückt...»

Gelegenheit, sich auszusprechen, bietet der von ihr eingerichtete vierzehntägliche «Schülerstammtisch». Obwohl sie an diesen Abenden mit Drinks und Zigaretten ebensowenig geizt wie mit Ratschlägen und Tips, erscheint jedesmal nur eine im Rotationsprinzip verdonnerte Abordnung der Klasse. Zu schlüpfrig ist das Parkett, auf das die Falsche mit ihren vordergründig harmlosen Fragen lockt. Sie gibt sich als gute Freundin der Schüler, erklärt sich – scheinbar – solidarisch mit den Glücklosen und Gepiesackten, und sie engagiert sich – je nach Bedarf – für oder gegen Tierversuche, Elternwillkür, Kernkraft, Lehrpläne, Leistungsdruck und ballastreiche Vollwertkost. «...Erst neulich traf ich wieder eine ehemalige Schülerin, die mir heute noch dankbar ist, daß ich ihr damals geholfen habe...» An der Schule ist jedoch kein einziger dankbarer Schüler namentlich bekannt; es scheint, als stelle sich die Dankbarkeit gegenüber der Falschen erst in reifem Alter ein.

Sicher ist es reiner Zufall, daß Sabine aus der neunten Klasse ausgerechnet dann von Lehrer M. sadistisch geprüft wurde, nachdem sie sich bei der Falschen über ihn ausgeweint hatte; oder daß Daniels Eltern einen anonymen Anruf betreffs einer Lüge ihres Sohnes erhielten, die just am Abend vorher Thema am «Stammtisch» gewesen war. Allerdings

kann es passieren, daß die Falsche vor der ganzen Klasse verkündet: «Kümmert euch doch mal ein bißchen um Alexandra – die hat gerade Probleme, weil sie keinen Freund findet...» Aber auch Alexandras Dankbarkeit hält sich in Grenzen. Trotzdem herrscht kein Mangel an neuen Opfern; Sitzenbleiber oder sonstige Neuzugänge können meist nicht rasch genug gewarnt werden. «Ach, laßt mal, so schlimm kann die doch nicht sein», hört man oft von ihnen, und kurz darauf ist es meistens schon zu spät...

Was lernen wir von ihr fürs Leben?
Wer sich verstellt, findet immer einen Dummen, der auf die Maske hereinfällt.

Tip für Konfliktscheue:
Erfinde ein paar Probleme und vertraue sie der Falschen an; sie wird dir dankbar sein.

Der Durstige

Der Durstige hat festgestellt, daß sein Durst sich am nachhaltigsten mit Cognac löschen läßt. Allerdings würde er niemals während der Schulzeit Alkohol trinken. Daß er spätestens um zehn eine Fahne hat, kann jedenfalls nichts mit seiner Thermosflasche zu tun haben, die er immer in der Tasche trägt; hat er doch mehrfach glaubhaft versichert, es befinde sich kalter Tee darin. Nach diesem Tee überkommt ihn auch ab und zu während des Unterrichtes ein Gelüst, und er trinkt einen raschen Schluck aus dem Deckelbecher.

Anhand von griffigen Vergleichen vermittelt er dann Allgemeinwissen: Prozentrechnung erläutert er prägnant am Unterschied zwischen Bourbon und Burgunder.

In den Pausen und Freistunden, wenn man ihn im nahe gelegenen Café antreffen kann, bestellt der Durstige Kaffee: «...aber tun Sie mir da bitte ein bißchen Geschmack rein!» ergänzt er augenzwinkernd. Woraufhin die wissende Serviererin zur Cognacflasche greift.

Frühmorgens, während der ersten Unterrichtsstunden, klagt der Durstige gelegentlich über Kopfschmerzen und beschäftigt die Klasse mit Stillaufgaben. Gegen Mittag, wenn sein Blick glasig zu werden beginnt, künstelt er gute Laune, die Daumen hinter den Gürtel geklemmt, und hält sich gezwungen aufrecht. Er spricht dann sehr laut, und seine Thermoskanne ist leer.

Schüler können hochprozentig mit dem Kopfschmerz ihres Lehrers als einer festen Größe rechnen und die Zeit der Stillarbeit zum Erledigen der Hausaufgaben für andere Fächer einplanen. Als Faustregel gilt: Habe ich morgen den Durstigen in der ersten Stunde, brauche ich heute nachmittag nicht an den Schreibtisch.

Verlassen kann man sich auch auf seine Hilfsbereitschaft bei der Ausrichtung von Schulfeiern. Ohne sich lange bitten zu lassen, übernimmt er freiwillig den Getränkeausschank. Beliebt sind seine Klassenfahrten: führen sie doch grundsätzlich in die Nähe eines Weinanbaugebiets, und weitsichtig hat der Durstige schon von zu Hause aus mit einem Kellermeister eine ganztägige Weinprobe vereinbart.

Was lernen wir von ihm fürs Leben?
Durst ist schlimmer als Heimweh.

Tip für Konfliktscheue:
Red nicht Rum – gib einen aus!

Der Väterliche

HEUTIGE Schülergenerationen werden um den heilsamen Einfluß des Väterlichen betrogen. Diese Spezies ist so gut wie ausgestorben, seit die Prügelstrafe an Schulen abgeschafft wurde. Noch Ende der 60er Jahre kam die Mehrheit der bundesdeutschen Jugend in den täglichen Genuß seiner sensiblen Pädagogik. Etwa so:

Ein Schüler, in ein anregendes Gespräch mit dem Banknachbarn vertieft, überhört die wohlmeinende Mahnung: «Schnabel nicht! Immer wieder Schnabel nicht!» Möglicherweise hat der Väterliche auch «Schnabel dicht» gesagt, aber er nuschelt; sprachliche oder andere Feinheiten waren noch nie seine Sache.

Alsbald wirft sich über das aufgeschlagene Buch des Schülers ein mächtiger, bedrohlicher Schatten. Der Väterliche hat sich unbemerkt herangeschlichen und hinter ihn gestellt: «Na, dann wollen wir mal.» Es beginnt mit einem Reißen am rechten Ohr: der Schüler fühlt sich unsanft vom Stuhl emporgezogen und gedreht, bis seine Augen die des Väterlichen treffen. «Es geht ja nicht ohne Prügel», stellt der Väterliche bedauernd fest, indem er mit der linken Hand den Schülerkopf am Ohr hin und her schüttelt. Dann klatscht seine fleischige Rechte mit Wucht auf die linke Schülerwange. Der Väterliche zeigt keine Freude dabei, gleichmütig tut er seine Pflicht. Und wie ein wahrer Vater besorgt um seine Zöglinge – «Damit du nicht schief wirst» – , bedenkt er auch die andere Wange mit einem gleichwertigen Backenstreich, nicht ohne das pflichtschuldige Lachen der Mitschüler über seine humorvolle Bemerkung abgewartet zu haben. «Prügel ist doch die einzige Sprache, die ihr versteht», bemerkt er kopfschüttelnd auf dem Weg zurück zum Lehrerpult. «Mir

macht es ja nichts aus. Eure Eltern wollen es so. Sie lassen mir freie Hand.» Und er fährt ungerührt mit dem Unterricht fort, bis seine geschulte Pädagogenhand abermals helfend eingreifen muß, um die Konzentration eines unaufmerksamen Schülers wiederherzustellen.

Was lernen wir von ihm fürs Leben?
Schläge sind nur ein Ausdruck fürsorglicher Liebe.

Tip für Konfliktscheue:
Schnabel dicht!

Die Emsige

Die Emsige joggt lebenslänglich, mit unbestimmtem Ziel. Bewegung an sich ist ihr ein hoher Wert: Wer sich bewegt, tut etwas; wer sich nicht bewegt, ist faul. Sie selbst ist sehr fleißig. Mit flatterndem Trenchcoat hetzt sie durchs Schulgebäude, vom Lehrerzimmer zur Turnhalle, vom Biologiesaal zum Hausmeister, von der Aula zum Schulhof, vom Sekretariat zum Klassenraum – allgegenwärtig und sehr, sehr beschäftigt. Eine Unterrichtsstunde ist nur Zwischenstopp; eigentlich müßte die Emsige schon wieder ganz woanders sein. Es gibt ja so viel zu tun!

«Achtung – sie kommt!» meldet der Späher an der Klassenzimmertür, und jeder stürzt an seinen Platz, um, über Hefte und Bücher gebeugt, Betriebsamkeit vorzutäuschen: So mag es die Emsige.

Sie stürmt herein, schenkt der Klasse ein kurzes Lächeln, wirft den Trenchcoat über den Kartenständer, und bevor Stefans erstes Comic-Männchen fertig ist, hat sie schon die Hausaufgaben abgefragt, das Thema der heutigen Stunde vorgegeben, zwei Schüler ermahnt, Arbeitsbögen ausgeteilt und nebenbei die Eintragungen ins Klassenbuch erledigt. Nervös pocht sie nun mit den Knöcheln aufs Pult und mahnt die ersten Diskussionsbeiträge an. Sie selbst ist wie immer bestens vorbereitet, hat wieder bis Mitternacht Fachliteratur gewälzt, Schablonen ausgeschnitten und «papers» erstellt – jene hektografierten und fotokopierten Zettel, die sie pfundweise in den Klassen verstreut und mit denen niemand etwas anzufangen weiß.

Die Emsige arbeitet pausenlos, gönnt sich nichts, und trotzdem lernt man bei ihr nicht mehr als bei anderen Lehrern: Durch ihre Teilnahme an Fortbildungskursen, Tagun-

gen und Gewerkschaftsveranstaltungen fällt die Hälfte der Unterrichtsstunden aus. Also muß sie ihre Anstrengungen verdoppeln, sich noch mehr beeilen. Ein humorvoller Kollege (siehe: «Der Schelm», Seite 98) hat neulich angeboten, ihr für die langen Flure ein Paar Rollschuhe zu schenken, aber die Emsige rechnete rasch aus, daß diese Zeitersparnis durch das An- und Abschnallen der Rollschuhe wieder aufgehoben würde. Sie warf dem Kollegen noch ein freundliches Grußwort zu, steigerte ihre Schritte zum Laufschritt und war schon wieder hinter einer Ecke verschwunden.

Was lernen wir von ihr fürs Leben?
Wer sich durch Bewegung und Arbeit betäubt, kennt wenigstens keine Langeweile.

Tip für Konfliktscheue:
Erwecke den Anschein, ungemein beschäftigt zu sein – und sei es nur durchs Abschreiben der Hausaufgaben für die nächste Stunde.

Pauker privat:
Besuch bei der Emsigen

Wir haben Glück: Die Emsige hat Zeit für uns. Seit gestern ist sie von der Tagung in Hildesheim zurück, und der nächste Fortbildungslehrgang in München beginnt erst übermorgen. Die Emsige empfängt uns radelnderweise auf ihrem *Home-Trainer* und ist gerade dabei, Kaffee zu trinken. Nebenbei korrigiert sie Klassenarbeiten, telefoniert und bereitet die GEW-Vorstandssitzung für heute abend vor. Sie preßt die Hand auf die Hörermuschel und zischt uns zu: «Um halb sechs muß ich zum Squash!» Sie deutet mit dem freien Ellenbogen auf das Sofa, wo wir Platz nehmen sollen. Wir schauen auf die Uhr: Es ist viertel nach fünf. Wieder klingelt das Telefon. Die Emsige setzt sich mit dem Kassenwart des Sportlehrerverbandes auseinander und erklärt sich bereit, ein verbindliches Schreiben zur Anmahnung der Mitgliedsbeiträge zu entwerfen. Wenige Minuten später ruft eine Freundin an; wir schnappen auf, daß die Emsige sich nicht erklären kann, warum Edgar sie verlassen hat. Wir kommen nicht dazu, unsere diesbezügliche Vermutung zu äußern, denn als die Emsige sich anschließend daranmacht, laut deklamierend ihre Rolle für die morgige Aufführung ihrer Laienspielgruppe zu repetieren, stehlen wir uns unbemerkt davon.

Der Gehemmte

DER Gehemmte wäre am liebsten unsichtbar. Als wolle er sich diesen Zustand vorgaukeln, geht er stets mit gesenktem Kopf, starrt auf seine Fußspitzen und grüßt niemanden. Wird er überraschend im Flur oder auf dem Schulhof von einem Schüler gegrüßt, erschrickt er und murmelt Unverständliches. Handelt es sich dabei um eine Schülerin aus der Oberstufe, gesellt sich zum Erschrecken ein Erröten, der Gehemmte zieht seinen Kopf noch tiefer zwischen beide Schultern und gestikuliert wirr mit beiden Händen.

Sein Durchsetzungsvermögen in der Klasse ist begrenzt. Übersteigt der Schülerlärm die ohnehin hoch angesetzte Toleranzgrenze, schwillt der Gehemmte unter zunehmender Rötung seines Kopfes zu einem Rachegott an, der wutschnaubend Ruhe einklagt. Seine Stimmbänder bleiben jedoch die alten, sie sind der anstrengenden Rolle nicht gewachsen: Nach kurzem Brüllen kippt die Stimme um. Der Gehemmte läßt sich schwer atmend und mit baumelnden Beinen auf dem Lehrertisch fallen, wobei er krächzend beteuert: «Ich kann die ganze Stunde so schreien, wenn es sein muß!»

Weniger souverän zeigt er sich hingegen beim Versuch, eine Schülerdiskussion zu moderieren. Im Englischunterricht steht die Lektüre «The Catcher in The Rye» (Der Fänger im Roggen) auf dem Plan. Als deren Held Caulfield bekennt, er könne in keiner Beziehung etwas mit Mädchen anfangen, stockt das Unterrichtsgespräch. Nach einigen Sekunden werden dem Gehemmten das Schweigen und die auf ihn gerichteten Blicke unheimlich. Er rutscht auf dem Stuhl hin und her, nestelt an seiner Krawatte, schlägt betont lässig die Beine übereinander. Seine Stimme klingt jedoch unnatürlich

laut und rauh, und ihm schießt schon bei den ersten Worten das Blut in den Kopf, als er mit gekünstelter Unbefangenheit in die Klasse ruft: «So – let's talk about sex now. You know what I mean?» Er rudert unkontrolliert mit den Armen durch die Luft: «Touching, petting, sexual intercourse...» («Also – laßt uns nun über Sex reden. Ihr wißt, was ich meine? Streicheln, Petting, Geschlechtsverkehr...») Der Rest seiner Ausführungen geht jedoch in brüllendem Gelächter unter, und von nun an hört der Gehemmte bei jedem Schweigen der Klasse den Vorschlag: «So, let's talk about sex now...»

Was lernen wir von ihm fürs Leben?
Ein roter Lehrer muß nicht unbedingt ein Kommunist sein; es kann sich auch um den Gehemmten handeln, der gerade über Sex diskutiert.

Tip für Konfliktscheue:
Blicke dem Gehemmten niemals fest in die Augen – so wird er sich dir gegenüber sicher fühlen und dich mögen.

Der Perlenstreuer

Der Perlenstreuer hat einen wunden Rücken; so sehr drückt ihn die Bürde seiner Arbeit. Aber er hält es mit Kafka: «Ich klage nicht, ich klage nicht», sagt er leise und versäumt dabei nicht, seine Schüler aufzufordern, die Quelle dieses Zitats zu ermitteln: «...Sie erinnern sich an unsere Kafka-Einheit; aus welcher Geschichte?»

«Äh... Der Nachbar?»

«Ganz recht, ganz recht.» Der Perlenstreuer lächelt still und seufzt innerlich. Zu selten sind diese Höhepunkte, wo er – und seien es auch noch so unscheinbare – Früchte seiner Arbeit ernten kann. Das Desinteresse der Schüler steht in empörendem Mißverhältnis zu seiner eigenen Gewissenhaftigkeit.

Aus der Bürgerinitiative ist er ausgetreten, weil neben der Schule einfach nicht genug Zeit blieb und weil seine Frau sich immer ultimativer beschwerte. «...und gestern abend wieder bis halb sechs Konferenz!» erzählt er mit leicht zitternder Stimme, «Das ist Einsatz! Ein bißchen von dieser Einstellung würde Ihnen auch guttun...»

Aber vergeblich sind alle Hoffnungen, den Fleiß der Schüler zu steigern. Der Perlenstreuer weiß das, hat es auch nicht anders erwartet, er kennt das Leben, macht sich nichts vor – aber könnten die Schüler nicht wenigstens ab und zu ein bißchen Dankbarkeit...? Nein. Um so verbissener stürzt er sich auf die Unterrichtsvorbereitung, verbringt kostbare Nachmittagsstunden mit der Suche nach Sekundärliteratur in der Stadtbibliothek, korrespondiert mit Verlagen wegen vergriffener Sonderausgaben. Wie ein Nekrophiler, der in die Städtische Leichenhalle eingebrochen ist, macht er sich über die Klassenarbeitshefte her und korrigiert sich die Finger blutig,

«...und ihr? Fangt für jede Arbeit ein neues Heft an – in der trügerischen Hoffnung, ich bemerke dann nicht, daß ihr schon wieder keine Berichtigung gemacht habt!» Er schüttelt das Haupt und streut in stillem Schmerz weiterhin Perlen vor die Säue.

Was lernen wir von ihm fürs Leben?
Kafka hat auch nicht geklagt.

Tip für Konfliktscheue:
Verschwende dein Taschengeld nicht für neue Hefte.

Der Wichtige

DER Wichtige weiß, daß alle Lehrer außer ihm unfähig sind und daß er von Rechts wegen Direktor, wenn nicht gar Schulrat sein müßte. Eigentlich liegt ja schon jetzt die gesamte Verantwortung auf seinen Schultern; ohne ihn würde umgehend der Schulbetrieb zusammenbrechen. So wichtig ist er.

Nur wissen das weder seine Kollegen noch die Schüler. Deshalb kann sich der Wichtige hin und wieder (in aller Bescheidenheit, versteht sich) dezente Anspielungen nicht versagen. «Wie mir gerade neulich wieder der Ministerpräsident anvertraute...», läßt er bei günstiger Gelegenheit beiläufig in den Geschichtsunterricht einfließen, oder: «Ich und der Kardinal sind schon lange der Ansicht...»

Aber es nützt nichts. Der Wichtige – immerhin stellvertretender Direktor – wird immer nur der zweite Mann an der Schule bleiben. An fünf verschiedenen Gymnasien hat er sich schon als Schulleiter beworben; nie hat man ihn gewählt. Um sich Luft zu verschaffen, schreibt er regelmäßig Leserbriefe an die örtliche Tageszeitung.

Und diese Schüler! Die haben ja vor nichts Ehrfurcht. Wenn der Wichtige Pausenaufsicht hat, kann es vorkommen, daß er, von gerechter Empörung durchzittert, einen ihm fremden Primaner anfährt: «Warum grüßen Sie den stellvertretenden Direktor nicht?» – und nur ein freches Grinsen erntet.

Ein bißchen mehr Respekt hätte der Wichtige nun wahrlich verdient. Laut eigener Aussage hat er nämlich schon mit 21 Jahren promoviert, schaffte auf Anhieb ohne eine einzige Fahrstunde die Führerscheinprüfung und hätte alle gängigen Lehrbücher selbst viel besser geschrieben.

Was lernen wir von ihm fürs Leben?
Wer eine hohe Machtposition anstrebt, darf niemals zu tüchtig sein, sonst landet er im zweiten Glied.

Tip für Konfliktscheue:
Frag ihn: «Oh, pardon – sind Sie der Graf von Luxemburg?»

Blick ins Leben:

Zu spät erkannte die Stadtverwaltung in P., daß fünf ihrer höchsten Beamten zu einer Zeit Abitur gemacht hatten, als am örtlichen Gymnasium der *Typus des Wichtigen überrepräsentiert* war. Stark von diesem Einfluß geprägt, nahm jeder von ihnen die Konferenzen, Tagungen und Sitzungen zum Anlaß, ausführlich darzulegen, welche Verdienste er sich dank seiner Leistungen und guter Beziehungen nach Bonn erworben hatte. Die langatmigen, sich gegenseitig übertreffenden Schilderungen eigener Wichtigkeit ließen kaum noch Zeit für die Behandlung anderer Themen, obwohl sich die Sitzungen bis in die Nachtstunden hinzogen. Entscheidungen wurden eins ums andere Mal vertagt, die Arbeitsfähigkeit von Stadtparlament und Verwaltung war ernstlich gefährdet. In dieser Not richtete man den fünf – unkündbaren – wichtigen Mitarbeitern ein ständiges Forum in Gestalt eines Sonderausschusses ein. Dort waren sie unter sich und konnten keinen Schaden mehr anrichten. Dieser Ausschuß, der nie etwas erarbeitete, kostete die Stadtverwaltung über Jahre hinweg viel Geld. Eine Ausgabe, die hätte vermieden werden können, wenn sorgfältiger auf das Mischungsverhältnis der einzelnen Paukertypen am Gymnasium geachtet worden wäre!

Im Gegensatz dazu war der 42jährige Friedhelm T. während seiner Schulzeit *nie mit dem Wichtigen in Berührung gekommen*. Er vermutet, daß dieses Defizit seine ungewöhnlich heftige Abneigung gegen Gurkensalat begründet hat. Warum, weiß er selber nicht – es gibt keinen Zusammenhang. Allein, dieses Beispiel zeigt, wie stark der entgangene Kontakt mit dem Wichtigen als Mangel empfunden werden kann.

Der Umständliche

Der Umständliche eignet sich hervorragend als Physiklehrer. Er kann die Schüler neugierig machen. Was ist Technik? Wie funktioniert sie? Welche Kräfte, Umstände, Zusammenhänge wirken mit? Diese Fragen stellt der Umständliche oft, und sie machen sich rhetorisch gut. Leider hapert es ein wenig mit den Antworten. Daß er sie kennt, glaubt man dem Umständlichen durchaus. Er tritt als Kapazität auf – von Kopf bis Fuß der verhinderte Wissenschaftler. Aber so spricht er auch, und niemand versteht ihn.

Zum Glück gibt es die anschaulichen Versuche und Experimente, um verwirrende Sachverhalte zu erhellen. Mit Begeisterung baut der Umständliche im Physiksaal vor den Augen der Schüler Lautsprecherboxen, Oszillatoren, Transistorkästen und Schaltgeräte auf. Warum, hat er nicht gesagt. Sicher wird sein Experiment Aufschluß geben.

Der Umständliche wickelt ein Stück Draht von einer Kabelrolle. Prüfend hält er Daumen und Zeigefinger auf die Stelle, wo er den Draht abkniepen will. Ja, dies wird die richtige Länge sein. Aber wo ist die Zange? Er läßt das Kabelende nicht los, blickt suchend über den Tisch. Sein Blick ist durch die zahllosen Apparate verstellt, also streckt er den freien Arm tastend ins Bodenlose. Die Zange bleibt unauffindbar. Die Kabelrolle fällt herunter, wickelt sich ab. Der Umständliche bückt sich. Er streckt die linke Hand, die noch immer wie eine Pinzette den Draht hält, hoch in die Luft und klemmt die Rolle unter den rechten Ellenbogen. Er wuchtet sie auf den Tisch. Ein Lautsprecher beginnt zu brummen. Ah, da ist die Zange. Sie lag unter einem anderen Kabelgewirr. Der Lautsprecher brummt unverdrossen. Der Umständliche kneift sein Kabelstück ab und hängt es sich um den

Hals. Erst mal sehen, was mit dem Lautsprecher ist. Er dreht einen Knopf, drückt eine Taste. Er beugt sich über den Schaltkasten. Das Kabel fällt von seinen Schultern. Der Lautsprecher brummt. Wo ist nur der Schraubenzieher? Der Umständliche hebt suchend Kabelschlaufen an. Ein Oszillator piept. Der Umständliche zieht einen Stecker aus der Buchse. Das Piepen verstummt. Der Lautsprecher brummt. Die Schüler sehen auf die Uhr: In zwei Minuten klingelt es. Der Umständliche hat den Schraubenzieher gefunden. Er hebt sein Kabel vom Boden auf, hängt es sich wieder um den Hals. Er stochert mit dem Schraubenzieher zwischen Transistoren. Der Lautsprecher brummt. Es klingelt. Die Schüler rumoren. Der Umständliche mustert seinen Versuchsaufbau, sieht, daß die Schüler bereits ihre Sachen zusammenpacken und aufstehen. Dabei ist er doch noch gar nicht dazu gekommen, ihnen etwas Belehrendes mit auf den Weg zu geben! Schnell, eine abschließende, umfassende Bemerkung! Er denkt fieberhaft nach, die Bänke leeren sich, ihm fällt nichts ein. Den letzten noch im Physiksaal verbliebenen Schülern ruft er stotternd zu: «Das war der Brummton...» Und er zieht den Netzstecker.

Was lernen wir von ihm fürs Leben?
Kein Problem ist so einfach, daß man nicht die doppelte Zeit darauf verwenden könnte.

Tip für Konfliktscheue:
Lasse ihn wissen, daß du zwar die Gerade als kürzeste Verbindung zweier Punkte kennst, sie aber für die langweiligste hältst.

Der Gespaltene

Dem Gespaltenen ist seine innere Zerrissenheit nicht anzumerken, eher könnte man etwa Mike Krüger für eine faustische Gestalt halten. Dennoch stöhnt er oft und vernehmlich über den kräftezehrenden inneren Kampf, den Pflichtbewußtsein und Güte gegeneinander führen, wenn er die Leistungen eines Schülers benoten soll: «Zwei Seelen schlagen, ach, in meiner Brust...»

Um sein Gewissen zu beruhigen, unterwirft der Gespaltene sein Denken und Handeln einer streng disziplinierten Logik und läßt die Schüler an seinen Gedankenketten und Schlußfolgerungen teilhaben. «Stein!», ruft er beispielsweise im Lateinunterricht einer Schülerin zu, die sich vergeblich bemüht, ihre mündliche Übersetzung zu einem sinnvollen Satz zu gestalten, «Stein! Geht es, oder geht es nicht?»

Die Schülerin Stein schüttelt ihren hochroten Kopf, verzweifelt über die fragliche Textstelle gebeugt, von der sie lediglich begreift, daß hier lateinische Buchstaben mittels Druckerschwärze aneinandergereiht wurden.

«Entweder es geht, oder es geht nicht», läßt sich der Gespaltene vernehmen. «Wenn es nicht geht, ergibt es keinen Sinn. Was keinen Sinn ergibt, ist Unsinn. Alles, was Unsinn ist, ist falsch, und alles, was falsch ist, ist fünf. Also geht es, Stein, oder geht es nicht?» Die schlechte Zensur notiert er dann ohne jedes Anzeichen von Schadenfreude oder Bedauern; schließlich hat er selbst eben mit unbestechlicher Logik bewiesen, wie gerechtfertigt sie ist.

Bei Klassenarbeiten hingegen zeigt sich sein ganzer Widerspruch zwischen Verstand und Gefühl. Einerseits kann er einem Schüler mitleidslos das Heft auf den Tisch werfen: «Es ist», dramatische Pause, «und bleibt – eine Fünf.» – Zwei

Minuten später jedoch wedelt er einem anderen sein Heft vor der Nase und stößt, selbst beschämt über seine Sentimentalität, mißmutig hervor: «Fünfundvierzig Fehler! Aber in meiner unermeßlichen Güte habe ich diese Arbeit – noch Fünf genannt.»

Was lernen wir von ihm fürs Leben?
Mit deiner schmerzhaften Sensibilität stehst du nicht allein da.

Tip für Konfliktscheue:
Beglückwünsche ihn, daß er in einer Welt der unerbittlichen Logik sein weiches Herz bewahrt hat.

Der Direkte

WENN der Direkte über Begriffe wie Feingefühl oder Rücksichtnahme stolpert, ist er versucht, im Fremdwörterlexikon ihre Bedeutung nachzuschlagen. Seine derbe Herzlichkeit ist unbelastet von jedem Anflug von Sensibilität.

«Thomas Meyer – dein Vater ist Busfahrer?» wundert er sich bei der Lektüre des Schülerverzeichnisses im Klassenbuch, «was willst du denn auf dem humanistischen Gymnasium?» Diese Frage könnte mit Recht auch Thomas Meyer dem Direkten stellen, aber es würde nichts nützen – dessen Selbstbewußtsein ist unerschütterlich. Das erfährt auch Anita B., die mit ihren ein Meter achtzig den Direkten um mehrere Zentimeter überragt. «Große Mädchen sind so unhandlich», läßt er sie auf dem Schulfest wissen und tanzt statt dessen mit der griffigen Christiane.

Beim anschließenden Small-Talk in lockerer Runde haucht er den Primanern Alkohol und Frechheiten ins Gesicht. Vor allem denen, die in den Trabantenstädten leben: «Dort wohnt man nicht – da fährt man nur durch!» stellt er mit Nachdruck fest. Nett wird es, wenn er aus seinem Leben erzählt: «... Ging ich doch neulich mit einem Freund durch die Fußgängerzone, da grüßt uns eine ehemalige Schülerin. Häßlich wie die Nacht, aber sie schiebt einen Kinderwagen. Da entfährt es meinem Freund: ‹Um Himmels Willen, wer hat dich denn verführt?› – Also, das fand ich ziemlich unhöflich!» Und, erstaunt, statt eines herzhaften Lachens nur verlegenes Hüsteln der Schülerinnen zu ernten, wiederholt er die Pointe, da er meint, sie sei nicht verstanden worden.

Im Unterricht greift er lieber auf bewährte Floskeln zurück, die schon bei den Lehrern seines Großvaters ihre Wir-

kung nicht verfehlten: «Geh doch von der Schule ab und werd Bäcker – Brötchen werden immer gebraucht!» rät er allzu schweigsamen Kandidaten. Für Angsthasen hat er ebenfalls kein Verständnis: im Schwimmunterricht stößt er sie eigenfüßig vom Fünf-Meter-Brett ins Wasser.

Daß der Direkte wegen eines ungeklärten Verhältnisses zu einer blonden Schülerin an diese Schule strafversetzt wurde, ist sicher nur eine böswillige Unterstellung; Tatsache ist jedoch, daß er glaubhaft versichert, im Urlaub am liebsten nach Schweden zu fahren, «weil die Frauen dort ganz besonders süße Titten haben».

Was lernen wir von ihm fürs Leben?
Wer beamtet ist, kann sich Gemeinheiten und Taktlosigkeiten jeder Art erlauben.

Tip für Konfliktscheue:
Lache mit dem Direkten über die Schwachen, die sich nicht wehren können.

Der Gesunde

EIGENHÄNDIG reißt der Gesunde zu Beginn des Unterrichts die Fenster auf. «Aufstehen!», ruft er und greift mit beiden Händen ans Fensterbrett. «Tief einatmen!» Sein demonstrativ geblähter Bauch läßt das Volumen an Frischluft ahnen, das er mit kräftigem Zug in seine Lungen pumpt. «Und ausatmen! Das ganze noch einmal...» Er befolgt seine Kommandos allein. Die konzentrierte Kontrolle seines an- und abschwellenden Bauches läßt ihm keine Zeit, nach den Schülern zu schauen. Die kichern, wie immer.

Dann geht es an die Arbeit. «Haben Sie heute gefrühstückt?» ist seine erste Frage bei einer mündlichen Prüfung. Lautet die Antwort «Jawohl. Schwarzbrot», lächelt der Gesunde wohlgefällig und verzeiht auch schon mal einen peinlichen Patzer. Hat ein Schüler jedoch aus Naivität oder Koketterie «Brötchen mit Gelee» zugegeben, wird seine Prüfung zum Tribunal. Erbarmungslos fragt der Gesunde ihn ab; so lange, bis keine Antworten mehr kommen. Dann ist der Beweis erbracht, daß eine mangelhafte Ernährung zur Verkümmerung des Geistes beiträgt, und der Gesunde wendet sich triumphierend an die Schüler. Deren Murmeln wertet er als Bestätigung, daß er es ja schon immer gewußt habe.

Alle Schwankungen des Wohlbefindens führt er auf chemische Ursachen zurück. «Aufstehn, setzen! Aufstehn, setzen!» brüllt er den Unterstufenschüler an, der keine Antwort weiß. «Aufstehn, setzen! Geh mal raus, trink einen Schluck kaltes Wasser...» Und er meint es ernst. Kommt der Schüler mit nassem Mund an seinen Platz zurück, hat der Gesunde längst ein anderes Opfer zu fassen. Somit ist nicht festzustellen, ob kaltes Wasser tatsächlich das Denk-

vermögen beschleunigt. Aber daß es schädlich sei, kann ebensowenig gelten. Und damit ist der Gesunde schon sehr zufrieden.

Was lernen wir von ihm fürs Leben?
Für einen geistig tätigen Menschen gibt es keine bekömmlichere Ernährung als Schwarzbrot und kaltes Wasser.

Tip für Konfliktscheue:
Engagiere dich demonstrativ in einem Sportverein, und sei es nur als Rasenmäher.

Blick ins Leben:

Im Alter von 47 Jahren erlitt der Schwarzbrotfabrikant Horst S. eine Midlife-Crisis. Ihm wurde bewußt, daß er seine besten Jahre darauf vergeudet hatte, das Ideal des Gesunden zu verwirklichen. Wie eine Psychoanalyse ergab, hatte er sich während der letzten beiden Jahre vor dem Realschulabschluß vom Typus des Gesunden geradezu umzingelt gefühlt, und zwar in Gestalt der drei Fachlehrer für Deutsch, Mathematik und Religion. Das Bedürfnis, tonnenweise Schwarzbrot herzustellen und weltweit zu vertreiben, entsprang also nicht eigener Neigung, sondern einer dominanten Prägung von außen. Im verkrampften Bemühen, sein wahres Selbst zu erkennen und zu verwirklichen, versuchte er sich als Bau-Unternehmer und kaufte für eine Mark einen Wohnungsbaukonzern. Er stellte jedoch schnell fest, daß dies auch nicht das Richtige war. Horst S. ließ sich seine Mark zurückgeben und ist seitdem immer noch auf der Suche nach seiner eigentlichen Bestimmung.

Der Bundesverband Deutscher Architekten verpflichtete den Architekten Walter P. für den Auftrag, eine verbindliche Norm zur Gestaltung von Bürogebäuden zu entwerfen. P. war jedoch während seiner Schulzeit nie von einem Typus des Gesunden unterrichtet worden und wußte nichts von der wohltuenden Wirkung frischer Luft für den menschlichen Organismus: er schrieb für Geschäftsräume Fenster vor, die sich nicht öffnen lassen. Seitdem versorgen Klimaanlagen die Büros mit einem notdürftigen Ersatz für Atemluft.

Die Herrschsüchtige

Spottlustige Schüler munkeln, man könne die Herrschsüchtige sonntags im Stadtpark antreffen; sie führe dort an straffer Hundeleine ihren blinden Bruder spazieren. Es wäre ihr zuzutrauen, aber man würde vergeblich danach Ausschau halten. Die Herrschsüchtige hat nie Geschwister zum Herumkommandieren gehabt. Sie holt Entgangenes an den Schülern nach, seit 20 Jahren.

Ihre Klasse hat sie organisiert wie einen autarken Staat. Die Minister werden jedoch nicht frei gewählt, sondern jeweils für ein paar Wochen eingesetzt, und ihre Machtbefugnisse beschränken sich auf Sauberhaltung der Tafel, Ordnung im Klassenschrank, Führen der Stundenprotokolle und Verpetzen von Mitschülern. Die einzelnen Pflichten sind auf einem Anschlag aufgelistet, der im Klassenzimmer an der Wand neben der Schulordnung hängt. Alles hat «zack-zack» zu erfolgen, wie die Herrschsüchtige sich in ihrer keifenden Kommandosprache ausdrückt. Darunter versteht sie umgehendes und zügiges Befolgen der Anordnungen. Das Strafmaß bei vernachlässigter Pflichterfüllung ist sofortige Absetzung des betreffenden Ministers. Ein solcher Schüler hat verspielt; er wird betont übersehen.

Größten Wert legt sie auf Genauigkeit. Darum muß Lisa jetzt aufstehen. «Dein Vater sprach mich auf dem Elternabend an. Du hast ihm erzählt, ich hätte dich ‹unzählige Male› bestraft. Stimmt das?»

Lisa läuft rot an und nickt.

«Wieviel ist ‹unzählige Male›? Tausendmal? Einemillionmal?» Der Tonfall wird schärfer. Lisa schüttelt schüchtern den Kopf.

«Hundertmilliardenmal? Nein, das kann man alles noch

zählen. Du behauptest also, ich hätte dich in einem einzigen Schuljahr zigtausend Billionen mal bestraft? Das glaubst du doch wohl selbst nicht! Unverschämte Lügnerin! Setzen!» Und nun wird Lisa wirklich bestraft: bis zum Ende des Schuljahres hält ihr die Herrschsüchtige diese Lüge vor und reitet darauf herum wie eine alternde Hexe auf einem ausgefransten Besen – so lange, bis Lisa selbst überzeugt ist, die Unwahrheit gesagt zu haben. «Mit mir ist eben nicht gut Kirschen essen», so der trockene Kommentar der Herrschsüchtigen, die sich nach solch einer Strafpredigt in ihrer Mimik an der Frauengestalt in der «Struwwelpeter»-Geschichte vom Zappelphilipp orientiert: «...und die Mutter blicket stumm auf dem ganzen Tisch herum...»

Was lernen wir von ihr fürs Leben?
Lieber ein Haar in der Suppe als eine Herrschsüchtige im Nacken.

Tip für Konfliktscheue:
Studiere die Verhaltensweisen erwachsener Minister und lerne von ihnen die Kunst, Versagen zu vertuschen.

Der Hohle

DER Hohle bewundert nichts, er will selbst bewundert werden. Weil in ihm nichts Bewunderungswürdiges steckt, richtet er den Blick auf sein Äußeres – und siehe da: Er findet, daß er noch glatt für Anfang Zwanzig durchgehen könnte. Dementsprechend kleidet er sich auch, und seit seinem vierzigsten Geburtstag trägt er sogar sein Haar bestechend modern. Schade, daß in der Klasse kein Spiegel ist.

Wenn die Schüler in den Pausen die aktuelle Hitparade diskutieren, schaltet sich der Hohle mit sachkundigen Kommentaren ein; die neue Scheibe von soundso sei ja wirklich ganz ordentlich – aber die letzte Ell Pieh war doch um Längen besser. Und die Schüler nicken zustimmend.

Ja, er ist ziemlich beliebt, aber nicht besonders beliebt. Denn die mageren Bröckchen Wissen, die er den Schülern im Unterricht zukommen läßt, reichen kaum aus, um einen so regen Kontakt zu Jugendlichen zu rechtfertigen. Was will der Typ eigentlich von uns?

Andauernd entschuldigt er sich dafür, wie langweilig sein Unterricht ist, und er läßt durchblicken, daß auch er selbst nur wenig Interesse für den Stoff aufbringt. Aber es müsse ja nun mal sein... Und die Schüler machen halbherzig mit. Man will es sich mit dem Hohlen nicht ganz verderben – schließlich trifft man ihn öfters mal in der Disco, und dann gibt der Hohle gern einen aus. Und am Sonnabend schmeißt Sven eine Fete, da ist wie üblich auch der Hohle eingeladen. Er kommt gern, mischt sich Drinks und unter die Jugend. Vielleicht kann man ihn wieder so besoffen machen wie neulich, das war ein Spaß. Da hat er in Florians Kellerzimmer auf dem Fußboden gelegen und die Anja von der Goetheschule abgeknutscht, und er hat immer gerufen: «Leg doch noch mal

die Nummer mit den Colours auf...» Und selbst, wenn er einfach nur dasitzt, ist es ganz schmückend, einen Pauker auf der Fete zu haben, auch wenn es nur der Hohle ist.

Was lernen wir von ihm fürs Leben?
Selbst mit nichts außer einem jugendlichen Aussehen kann man heutzutage in der Welt bestehen.

Tip für Konfliktscheue:
Frage den Hohlen nach einem Foto von sich selbst oder bitte ihn, sich von dir fotografieren zu lassen.

Pauker privat:
Besuch beim Hohlen

Die Nachbarn des Hohlen wissen das Garagentor zu lesen: Geschlossene Garage bedeutet ‹Hohler zu Hause›, Garage offen und leer heißt ‹Hohler abwesend›. Man kann sich darauf verlassen.

Heute jedoch ist die Garage offen, obwohl das Auto darinsteht und der Hohle ganz eindeutig zu Hause ist. Gerade war aus dem geöffneten Fenster seine rufende Stimme zu hören. Was geht hier vor? Neugierig treten wir näher. Aus dem Garten hinter dem Haus dringt Gelächter und Musik. Der Sohn des Hohlen gibt ein Fest für eine befreundete Reisegruppe aus Amerika. Nun haben wir keine weiteren Fragen mehr: Den ausländischen Freunden gilt der Gruß mit dem geöffneten Garagentor. Ihnen soll nicht verborgen sein, was der Hohle dort stehen hat: einen frisch geleasten und polierten Mercedes 300.

Wir haben genug gesehen und schleichen uns davon.

Der Lyrische

DER Lyrische hat bereits zwei Gedichtbändchen im Selbstverlag veröffentlicht und ist tief bewegt bei dem Gedanken, daß seine Schüler von einem leibhaftigen Dichter unterrichtet werden. Er trägt Schwarz, denn er leidet an der Welt. Einer undankbaren Welt, die ihn nicht, wie einst erträumt, an der Universität Literaturwissenschaft lehren läßt, sondern nur Deutsch und Philosophie an der Gesamtschule.

Seine zahlreichen literarischen Aktivitäten lassen ihm nur wenig Zeit zur Unterrichtsvorbereitung; er ist Vorsitzender einer selbstgegründeten Autorenvereinigung, diskutiert bis in die frühen Morgenstunden mit anderen lokalen Lyrikern in der Künstlerkneipe und schreibt weiterhin emsig an seinem großen Roman, dessen unmittelbar bevorstehende Fertigstellung er schon dem Abiturjahrgang von 1974 angekündigt hatte.

Täglich fragt er seine Schüler, welches Thema er denn gerade mit ihnen behandele, und da sie es auch nicht wissen, monologisiert er verträumt über das Leiden an der Welt, das so viele Dichterkollegen mit ihm teilten. Aber er lasse sich nicht beirren, er werde weiter dichten und die Wahrheit herausschreien, die Wahrheit über eine Blume oder einen Sonnenuntergang.

Stellt er überraschenderweise einmal eine Frage und erhält er tatsächlich eine Antwort, schwenkt sein entrückter Dichterblick, den die Schüler profan dem Alkohol und mangelndem Schlaf zuschreiben, in Richtung Fenster, als hätte er die Antwort nicht gehört. Aber er unterbricht seinen Monolog, und es ist plötzlich still in der Klasse. Schließlich, wenn das unterschwellige Murmeln und Tuscheln längst wieder eingesetzt hat, wendet sich der Lyrische unvermittelt dem Schüler

zu, der sich kaum noch erinnern kann, was er seinerzeit geantwortet hatte, und spricht, als erwache er aus einem Traum: «Ja, das ist ein wirklich guter Gedanke.» Er lächelt und nimmt seinen Monolog wieder auf, dessen Fortsetzung jedoch in keinerlei Zusammenhang zum ersten Teil steht.

Was lernen wir von ihm fürs Leben?
Das Dichten und Trachten der Menschen ist erbärmlich.

Tip für Konfliktscheue:
Seine Autorenlesungen besuchen.

Der Schelm

Der Schelm wäre gerne Plattenplauderer beim kommerziellen Rundfunk geworden – nur kann er mit dieser modernen Musik so wenig anfangen. Sein Repertoire an Scherzworten und würzigen Bonmots bewährt sich seit Jahrzehnten. «Nehmt die Koffer von der Straße!» ruft er beispielsweise mit munterer Empörung, wenn im Gang zwischen den Bankreihen eine Schultasche liegt. Auch liebt er es, im Chemieunterricht nach dem «Dackel» zu fragen, wenn ein Behälter zugeschraubt werden soll und er den Deckel nicht finden kann, oder er teilt einem Schüler mit: «An und Pfirsich hätten Sie eine Fünf verdient.»

Für Hausaufgaben und Klassenarbeiten denkt er sich eigene Übungssätze aus, mit denen man seiner Ansicht nach viel spielerischer Grammatik lernen kann als mit den faden Übersetzungsbeispielen aus Lehrbüchern. Diese Kabinettstückchen funktionieren jedoch nur, wenn der Schelm die Schüler eigens mit zusätzlichen, überflüssigen Vokabeln füttert: «In der letzten Stunde betraten sechs Personen das Wohnhaus auf der gegenüberliegenden Straßenseite: ein Versicherungsvertreter, zwei Volkszähler, ein Callgirl und zwei Einbrecher.» Bei einem solchen Diktat schleckt seine Zungenspitze genüßlich von einem Mundwinkel zum anderen.

Pfiffigerweise nennt er alle Schüler nur mit Spitznamen, die er sich selbst am Anfang des Schuljahres ausdenkt. Norbert, der immer so nuschelt und kein «R» deutlich sprechen kann, wird konsequenterweise «Nobet» gerufen; «Der Kilch» heißt so, seit er sich einst in der Quinta beim Vorlesen des Wortes «Knilch» versprochen hat; Axel muß sowohl auf «Faxel» als auch auf «Ochsel» hören (der Schelm kann sich nicht entscheiden, welches lustiger klingt); und Christian

wird bis zur Oberprima nur «Roderich» genannt, weil dem Schelm zu ihm partout nichts eingefallen war.

Denn sein Repertoire, obwohl umfangreich, ist begrenzt. Ein Nachhilfeschüler will eines Nachmittags im Arbeitszimmer des Schelms einen Witzfahrplan liegen gesehen haben, in dem genau vermerkt war, welches Scherzwort in welcher Klasse bereits Anwendung gefunden hatte, und ein Nachbar hat angeblich kolportiert, daß der Schelm morgens im Bett anhand einer Liste launige Bemerkungen büffele. Erhärtet wird diese Vermutung durch Sitzenbleiber, die ein Schuljahr beim Schelm wiederholen.

Was lernen wir von ihm fürs Leben?
Dummheiten, fühlt man, gibt's auf Erden
nur zu dem Zweck, gemacht zu werden.
(Frei nach Eugen Roth)

Tip für Konfliktscheue:
Lachen, lachen!

Blick ins Leben:

Am Adalbert-Braus-Gymnasium in Köln war der *Typus des Schelms* drei Schuljahre lang *überrepräsentiert*. Mit fatalen Folgen: Drei Fünftel des Abiturjahrgangs 1977 endeten als hauptberufliche Verwaltungsangestellte rheinischer Karnevalsvereine. Den Schülern fehlte betrüblicherweise als Gegengewicht der heilsame Einfluß des Sadisten (siehe Seite 13).

*

Schüler hingegen, denen der *Schelm vorenthalten* wurde, haben später einen schweren Stand bei ihren Arbeitskollegen: man unterstellt ihnen Opportunismus, weil sie dazu neigen, bei den Witzen des Chefs gar zu laut zu lachen. Wer schon in der Schulzeit mit diesen Witzen vertraut gemacht wurde, kann sein Lachen dem Anlaß entsprechend dosieren.

Die Gleichberechtigte

Der Gleichberechtigten ist es ein Dorn im Auge, daß so unverhältnismäßig viele Hauptwörter im Deutschen einen männlichen Artikel vorantragen und daß sie diese ungerechte Grammatik den Schülern wider besseres Wissen vermitteln muß. Gerne würde sie auch bei der Notengebung Gleichberechtigung walten lassen – jede Zensur gleich oft bei Jungen und bei Mädchen. Ansonsten sind ihre Bemühungen schon recht weit gediehen: Eine strenge Quotenregelung sorgt dafür, daß gleichberechtigt Jungen und Mädchen drankommen, und sie führt Buch über die Länge der jeweiligen Wortbeiträge, damit kein Geschlecht benachteiligt wird.

Sie selbst ist sehr gleichberechtigt, aber noch lange nicht gleichberechtigt genug. Immerhin wird sie nicht mehr als Sexualobjekt betrachtet – was unter anderem mit dem sackartigen Hosenanzug und den strähnigen, nach hinten gebürsteten Haaren zusammenhängt. Um sich von männlicher Hilfe unabhängig zu machen, schiebt und zerrt sie Hefte und Bücher in einem Rollwägelchen mit sich herum, wie Hausfrauen es auf dem Wochenmarkt zum Transport von Gemüse benutzen und das von den Schülern «Zwiebelporsche» genannt wird.

Wer erkannt hat, worauf es bei Textinterpretationen ankommt, hat es leicht mit der Gleichberechtigten. Ob Goethe oder Böll, Lessing oder Brecht – es gibt ein unfehlbares Kriterium zur Beurteilung von Literatur: «Wie frauenfeindlich ist dieser Text?» Die Schüler lernen, daß es den Dichtern durch die Jahrhunderte ein vordringliches Anliegen war, die Frauen zu unterdrücken und ihnen dicke Bäuche zu machen. Seit Monaten arbeitet sie mit Schülerinnen an einem Theaterstück, in dem das geschlechtliche Rollenverhalten entlarvt

werden soll, aber das Stück ist in der Diskussion steckengeblieben.

Im Lehrkörper steht sie ein wenig isoliert; keine ihrer Kolleginnen ist so gleichberechtigt wie sie. Und von den männlichen Kollegen fühlt sie sich gänzlich im Stich gelassen: Wenn die schon solche Chauvis sind – könnten sie sich dann nicht wenigstens wie Kavaliere benehmen? Ihr die Tür aufhalten, beispielsweise, damit die Gleichberechtigte einen Grund hätte, abzulehnen: «Danke, ich bin gleichberechtigt.» Aber nicht einmal diesen Gefallen tut man ihr. Ja, es gibt noch viel zu tun in puncto Gleichberechtigung.

Was lernen wir von ihr fürs Leben?
Die Natur hat sich geirrt; es sollte eigentlich nur ein einziges, gleichberechtigtes Geschlecht geben, das sich am besten durch Zellteilung vermehrt.

Tip für Konfliktscheue:
a) für Jungen: Zeig, daß du ein schlechtes Gewissen hast, männlich zu sein, und bekunde lautstark deine Bereitschaft, dafür zu büßen.
b) für Mädchen: vermeide vorteilhafte Kleidung, Frisur und Schminke; sie sind untrügliches Anzeichen, daß du dich kritiklos den Männern als Sexualobjekt unterwirfst.

Der Geschmeidige

Die dezente Anstecknadel am Revers seines faltenfreien Blazers überstrahlt die polierten Messingknöpfe wie ein blinkender Stern: das Goldene Tanzabzeichen. Es bescheinigt, daß der Geschmeidige sich bei wichtigen Turnieren präzise, kontrolliert, kühn und elegant bewegt hat. Das tut er auch in der Schule, ohne Musik und Tanzpartnerin. Immer wie aus dem Ei gepellt, glattrasiert und mit gebügeltem Lächeln, sieht er seit Jahren aus wie Anfang Vierzig und könnte jederzeit einspringen, um auf der Kinoleinwand Reklame für Optimismus zu machen.

Er gibt Englisch und Sport. Nie würde er – wie sein Kollege – aus Bequemlichkeit den ganzen Vormittag im Trainingsanzug herumlaufen. Er spielt auch nicht am liebsten mit den Schülern Fußball. Der Geschmeidige hat an der Schule die Neigungsgruppen Tennis und Segeln eingeführt. Da kann er den Kapitän spielen, der «den Laden in Schwung hält», wie er sich gerne ausdrückt.

Für den Schwung, an dem es nach seiner Meinung in der Schule mangelt, sorgt er, schneidig, schneidig, unter anderem mit täglichen Drei-Minuten-Vokabeltests zu Beginn jeder Englischstunde. Nach kurzem Gruß zückt er die Stoppuhr, ruft die erste Vokabel in die Klasse und drückt auf den Knopf. Daß alle Schüler ihre Hefte und Füller schon parat liegen haben, setzt er voraus. Erbarmen mit den Langsamen kennt er nicht. Das Leben sei Kampf, daran könne man nicht früh genug gewöhnt werden. Leistungswille! Ausdauer! Bedingungsloses Respektieren der Spielregeln! Und nicht so verkrampft, bitteschön! Rhythmus! Geschmeidig eben. Lebenskampf als Marathon-Tanzturnier unter den wachsamen Augen eines unbestechlichen Punktrichters.

Die Klassentür steht bei ihm meistens offen – soll ruhig jeder sehen, wie er das Unterrichtsgeschehen unter Kontrolle hat. Auch der Schulleiter, der ab und zu den Gang entlangkommt und jeweils kurz vor der offenen Tür stehenbleibt. «Aber bitte sehr, Herr Oberstudiendirektor – schauen Sie ruhig herein!» Der Geschmeidige hat nichts zu verbergen, im Gegenteil. Regelmäßig spendet ihm der Direktor ein wohlgefälliges Nicken. Was kann es Schöneres geben als das Lächeln eines Vorgesetzten? Das stärkt die Spannkraft, und so gelabt, kann der Geschmeidige die nächsten Runden um so beschwingter angehen. Ja, der Geschmeidige ist unverwundbar, und er ist immer auf der Höhe der Zeit.

- *Was lernen wir von ihm fürs Leben?*
Wer es beherrscht, geschmeidig zu sein, tanzt niemals aus der Reihe.

Tip für Konfliktscheue:
Beklage dich, daß seine Vokabeltests zu einfach sind, und bitte ihn, rascher zu diktieren.

Der große Pädagoge

DER große Pädagoge ist über eins neunzig groß. Als er zum ersten Mal im Klassenraum erschien, hielten die Schüler ihn für einen Gehilfen des Hausmeisters. Aber kein Hausmeister würde so unbeholfen und verloren dastehen. Der große Pädagoge scheint weder seine Hände noch andere Gliedmaßen sinnvoll gebrauchen zu können, auch nicht den übermäßig großen Kopf, der unwillkürlich an ein vergreistes Kleinkind denken läßt und mit grauen, hochstehenden Bürstenhaaren geschmückt ist.

Aber der große Pädagoge gibt sich Mühe. Seine Mutter, bei der er wohnt und von der er oft erzählt, hat ihn seinerzeit zu einer Beamtenlaufbahn im Schuldienst gedrängt, die ja immerhin Sicherheit und Ansehen bietet. Und der große Pädagoge hat eine Trumpfkarte: sein «System». Er hat es sich selbst ausgedacht, wie er stolz versichert, und es verfehlt nie seine Wirkung auf die Stimmung des großen Pädagogen. Die Schüler geben ihm reichlich Gelegenheit, es anzuwenden, etwa aufgrund mangelhafter Beteiligung am Unterricht oder fehlender Hausaufgaben. Dann zückt der große Pädagoge sein Notizbuch, hält es auf der flachen Hand dicht unter die kurzsichtigen Augen und malt akribisch hinter den betreffenden Schülernamen eine kleine, rote Null. Bei der nächsten Fehlleistung ergänzt er die Null mit einem links oben angesetzten Kringel, so daß nun eine Sechs zu lesen ist. So raffiniert ist das «System». Allerdings wissen die Schüler, daß der große Pädagoge die mündlichen Zensuren fürs Zeugnis unberücksichtigt läßt und nur die schriftlichen Noten zur Bewertung heranzieht. Denn am Ende eines Schuljahres sind die Sechsen so gleichmäßig auf alle Schülernamen und auf so viele Notizbuchseiten verteilt, daß es nicht vertretbar wäre,

auch nur einen einzigen Kandidaten besser als mangelhaft einzustufen.

Bei Oliver hilft jedoch auch das «System» nichts; seiner Aufsässigkeit hat der große Pädagoge nur noch das äußerste Mittel entgegenzusetzen: «Mit dir gehe ich zum Direktor!» Oliver steht auf: «Gute Idee, von mir aus sofort. Es klingelt sowieso gleich zur Pause.» Der große Pädagoge murmelt erschrocken etwas von dringenden Angelegenheiten, die er in der Pause erledigen müsse. «Dann können wir uns morgen vor der ersten Stunde im Sekretariat treffen», schlägt Oliver vor. Der große Pädagoge stimmt zögernd zu.

Wer am nächsten Morgen aus Zeitgründen nicht zur Verabredung erscheint, ist der große Pädagoge. Man kann sich auf ihn verlassen: in mehreren Schülergenerationen wurde bislang kein Fall bekannt, wo seiner Drohung, zum Direktor zu gehen, eine Tat gefolgt wäre.

Was lernen wir von ihm fürs Leben?
Große Pädagogen werfen ihre Schatten voraus.

Tip für Konfliktscheue:
Mit dem großen Pädagogen gibt es keine Konflikte.

Pauker sind sicherlich . . .

... für vieles gut, zur Not kann man sie auch noch ärgern. Für eines aber sind sie kaum zu gebrauchen: einem beizubringen, wie man seine Ersparnisse sicher und gewinnbringend anlegt. Hierzu hört man am besten den Rat von Fachleuten.

Pfandbrief und Kommunalobligation

Meistgekaufte deutsche Wertpapiere - hoher Zinsertrag - bei allen Banken und Sparkassen

Verbriefte  Sicherheit

Pauker privat:
Besuch beim großen Pädagogen

Wir sitzen in gemütlicher Runde mit dem großen Pädagogen und seiner Mutter. Er hat uns eingeladen, um einen Aspekt der Erziehungslehre Pestalozzis zu diskutieren. Die Mutter des großen Pädagogen serviert selbstgekochte Gulaschsuppe und erzählt dabei von den Fleischpreisen, ihrem neuen Elektroherd sowie den Vorteilen einer Tiefkühltruhe. Wir erfahren, daß sie beabsichtigt, morgen Leberpastete zuzubereiten. Der große Pädagoge trinkt Rotwein und lächelt uns zu. Wir haben noch keine Frage an ihn stellen können, sind ganz Ohr, was seine Mutter über eine Nachbarin zu erzählen weiß, die vorgestern einen Napfkuchen verdorben hat. «Sie sagen doch ganz offen, wenn ich störe – nicht wahr?» strahlt sie uns treuherzig an. Wir nicken und löffeln die Gulaschsuppe. «Aber biete den Herren doch auch ein Glas Wein an!» ruft sie besorgt. Der große Pädagoge springt auf und füllt unsere Gläser. Wir prosten ihm zu. «Ich habe Ihnen ja noch gar nicht die Fotos aus Paris gezeigt!» fällt seiner Mutter siedendheiß ein, und sie zückt eine Tüte Bilder. «Eigentlich wollten wir ja nicht so eine Busreise machen, aber ein Wochenende in Paris für 200 Mark... Hier, sehen Sie mal!» Die Fotos sind leider ein wenig unscharf; deutlich ist jedoch der große Pädagoge zu erkennen: vor dem Eiffelturm, dem Arc de Triomphe, dem Louvre – mal mit, mal ohne Mutter. Als auch eine zweite Bildertüte gewürdigt ist, sehen wir auf die Uhr. «Es ist spät geworden...» Und wir treten sinnend in die kühle Nacht. Ja, der große Pädagoge ist schon ein netter Kerl.

Der Weltfremde

Sein von welligen Haarresten umkränzter Kopf mit der übermäßig hohen Stirn scheint immer ein wenig zu wakkeln, als würde er sich gleich vom Rumpf lösen und wie ein Ballon davonschweben. Hager und zerbrechlich steht der Weltfremde vor der Klasse, ein Mahner aus einer anderen, leiseren Welt.

Er gibt Griechisch. Der Jugend von den Schönheiten Hellas' zu künden – das ist seine Mission. Die Augen hinter den randlosen Brillengläsern sehen unendlich alt und traurig aus. Sein Griechenland hat keinen Platz für Gyros und Tzaziki, Ouzo und Bouzouki.

«Wir lernen jetzt ein neues Wort...» Seine Stimme mit den dunkel gerollten R-Lauten ist wie immer ein leicht zitterndes, gehauchtes Rufen aus weiter Ferne, «...Archi-mädäääs!» So hat noch niemand diesen Namen ausgesprochen, der Ruf erreicht die Schüler nicht, kichernd knuffen sie sich gegenseitig in die Rippen. «Nur die Törichten lachen jetzt», mahnt der Weltfremde, und wie er so verloren dasteht, mit seinem wackelnden Kopf inmitten des nun erst recht aufbrausenden Gelächters, möchte man ihn knuddeln und auf eine Wolke setzen, wo er sicher wäre vor einer feindseligen Welt, die er nicht begreifen kann und die ihn nicht zu brauchen scheint.

Selbst innerhalb der Schule findet er sich nicht zurecht. Oft landet er aus Versehen in einer falschen Klasse, zur Belustigung der Schüler und des jeweiligen Kollegen, oder er ist nur körperlich dort anwesend, wo er gerade unterrichten soll. «Was besprachen wir in der vorigen Stunde? Harms wird uns darüber berichten!» Wieherndes Gelächter. Suchend irren seine kurzsichtigen Augen umher: in der Klasse gibt es kei-

nen Harms oder auch nur jemanden mit einem annähernd ähnlichen Namen. Der Weltfremde hat sich wieder einmal im Jahrgang geirrt.

Was lernen wir von ihm fürs Leben?
Wer heutzutage immer noch «das Land der Griechen mit der Seele suchend» *(Goethe)* umherirrt, wird es wohl nicht mehr finden.

Tip für Konfliktscheue:
Kletter zu ihm auf seine Wolke.

Der Unterforderte

DER Unterforderte ist der Schüler überdrüssig. Immer die ewig gleichen Fragen; die ewig gleichen Versuche, zu schummeln; der ewig gleiche Widerwille, Erhabenes zu lernen. Resigniert zieht er selbst in jeder Klasse den ewig gleichen Unterricht durch und sucht Trost in lukullischen Genüssen.

Er trägt zwei Taschen. In der einen befinden sich seine Unterlagen für den Unterricht, in der anderen die Käsebrote seiner Frau – «welche so nahrhaft sind», wie er nicht müde wird zu versichern. Die zweite Tasche hängt mittags schlaff und leer an seiner Hand, und er geht dann wegen der ungleichen Gewichtsverteilung ein wenig schief.

Sein Körper ist infolge langjähriger Pädagogentätigkeit zu einem unförmigen Koloß angeschwollen, der nur unter behäbigem Schnaufen in gemächlichem Tempo durch die Korridore bewegt werden kann. Einmal im Jahr beugt er sich seiner Pflicht, mit der Klasse einen Wandertag zu veranstalten, der schon sehr bald in einer Gaststätte endet, wo sich der Unterforderte in einer Ecke halbliterweise mit würzigem Doppelbock betrinkt, «welcher bekanntlich vorzüglich am Vormittage eine so wohltuende Wirkung entfaltet», während die Schüler aus Langeweile mit Bierdeckeln werfen.

Früher war das mal anders. Da hatte man noch Illusionen. Zwar trug der Unterforderte auch damals schon zwei Taschen, aber in der einen waren keine Käsebrote von seiner Frau! Wie von einem pensionierten Kollegen zu erfahren ist, raunte der Unterforderte nach dem Krieg jedem Neuankömmling im Lehrerzimmer zu: «Brauchen Sie Kaffee? Zukker? Whisky?» und klopfte vielsagend auf seine prallgefüllte zweite Ledertasche, die damals beileibe noch nicht so speckig

wie heute aussah, sondern verlockend neu wie die verbotenen Genüsse glänzte...

Was lernen wir von ihm fürs Leben?
Nach einem Krieg hat man Hoffnungen und Illusionen – also freue dich auf den nächsten!

Tip für Konfliktscheue:
Wirf nicht mit Bierdeckeln nach deinem Lehrer!

Die Lockende

Die Lockende hat keine Vorurteile gegen reife Frauen, die einen Jüngling in die Geheimnisse der Liebe einweihen. Aber es muß ja nicht immer eine Freundin der Mutter sein; sie selbst, die Lockende, verfügt doch auch über einen ansehnlichen Erfahrungsschatz. Ihre freche, rotgefärbte Kurzhaarfrisur signalisiert schon von weitem Lebenslust und Aufgeschlossenheit.

Andere Signale wirken auf die Psyche eines 13jährigen Knaben schon verstörender – die kurz aufblitzenden Strapsbänder unter dem engen Rock zum Beispiel. Und was soll man von ihrem rauchigen Lachen halten, in dem so ein frivoler Unterton mitschwingt?

«Sebastian! Laß doch mal sehen – wo liegt denn die Schwierigkeit?» Sie naht mit wippendem Schritt und klirrenden Schmuckgehängen, beugt sich vertraulich über seine Schulter: «Das Verb des Nebensatzes – hier sieh mal – bezieht sich auf welches Substantiv?» Als Denkhilfe legt sie beruhigend ihre Hand auf seinen Hinterkopf. Sebastian schießt das Blut in die Schläfen. Er sieht nur noch dicht neben sich ein ausladendes Dekolleté, atmet betäubendes Parfüm und hört verstohlenes Kichern der Klassenkameraden. Die Lockende streicht sanft eine schweißfeuchte Strähne aus seiner Stirn. Mühsam bringt er ein Gestammel zustande, das mit viel Wohlwollen als Übersetzung gelten kann. Als nächster ist Dirk dran, danach Tobias, Christian, Heiko... Die Mädchen tuscheln befreit. Sie haben in der vorigen Stunde den Charmeur (siehe Seite 35) erduldet.

Die Lockende würde am liebsten in reinen Jungenklassen unterrichten. Mit Schaudern denkt sie an das Frauenkollegium der Mädchenschule zurück, von wo sie sich vor Jahren

hat versetzen lassen. Kürzlich erwarb sie mit Hilfe von Fortbildungskursen die Lehrbefähigung für Computerklassen, in denen erfahrungsgemäß die männliche Jugend überwiegt. Manche der Tüftler dürfen auch nachmittags zu ihr nach Hause kommen, um ein defektes Elektrogerät zu reparieren. Noch näher stehen ihr allerdings die jungen Referendare, von denen sie jeweils mindestens einen unter ihren Fittichen hält. Die müssen ja noch so viel lernen – über den Schulbetrieb, die Pausenaufsicht und über die stillen Winkel in der Schülerbibliothek...

Was lernen wir von ihr fürs Leben?
Ungeküßt sollst du nicht schlafen gehn.

Tip für Konfliktscheue:
Sei kein Frosch!

Der Müde

DER Müde ist schon vor 25 Jahren in den geistigen Ruhestand getreten und wartet nur noch auf die offizielle Pensionierung. Er gibt Latein. Wenn ihn ein Schüler mit einer 2000-Watt-Halogenleuchte blendet, um ihn im Unterricht zu filmen, schützt er seine Augen mit dem rechten Ellenbogen und grummelt matt: «So laßt das doch, Kinder!»

Beim anschließenden Übersetzen der Reden Ciceros ruft er die Schüler in der Reihenfolge der Sitzordnung auf, so daß jeder sich genau ausrechnen kann, mit welchem Satz er drankommen wird. Wie der Super-8-Film deutlich zeigt, überprüft der Müde die Schülerantworten anhand herausgerissener Seiten der deutschen Übersetzung, die er vorher in seinen lateinischen Text gelegt hat. Da die Schüler die gleiche Übersetzung benutzen, kommt es nicht zu Mißverständnissen.

Bei Klassenarbeiten teilt er «A»- und «B»-Texte aus, damit nebeneinandersitzende Schüler niemals den gleichen Aufgabentext haben und nicht abschreiben können. Aber durch heimliches Austauschen mit dem Vordermann sorgen die Schüler schnell für ein einheitliches Erscheinungsbild der einzelnen Bankreihen. So wird das Übersetzen zu einer Übung in Teamarbeit. Wenn der Müde durch die unauffälligen Löcher seiner demonstrativ vors Gesicht gehaltenen BILD-Zeitung zwei Banknachbarn in allzu regem Gedankenaustausch ertappt und mit der Antwort beschieden wird, man bespreche «eine rein persönliche Angelegenheit», rafft er sich schwerfällig auf, den Sachverhalt zu prüfen. «Nanu?», stellt er mit gespieltem Erstaunen fest, «Möller und Elvers übersetzen ja denselben Text!»

«Ach, tatsächlich? Das ist uns noch gar nicht aufgefallen. Sie müssen aus Versehen falsch ausgeteilt haben!»

Bei Durchsicht der anderen Bankreihen deckt der Müde die Tauschaktion auf und zieht sich mit einem resignierten «Es hat ja doch alles keinen Zweck» zum Lehrerpult zurück. Durch den Gedanken, daß die Pensionierung wieder einen Tag näher gerückt ist, rasch getröstet, beschließt er, die Arbeit trotzdem zu werten.

Was lernen wir von ihm fürs Leben?
Wer sein Erdendasein absitzt wie einen langweiligen Gottesdienst, kann sich manche Aufregung ersparen.

Tip für Konfliktscheue:
Bei Filmaufnahmen zur privaten Dokumentation des Unterrichts sicherheitshalber nur eine 1000-Watt-Leuchte benutzen.

Der Mensch

Der Mensch hat das rechte Maß gefunden, und er bedarf keiner Illustration. Sein Äußeres ist Nebensache. Er ist warmherzig, gebildet, verständnisvoll, dabei selbstkritisch, fleißig, und er hat Humor. Er weiß, daß es außerhalb der Schule eine Welt gibt, in der sich seine Schutzbefohlenen später einmal zurechtfinden müssen; er kann sich in Schülerseelen einfühlen; er denkt nach, bevor er spricht.

Er beherrscht seinen Stoff, gibt zu, daß er oft selbst noch auf der Suche ist, hält sich nicht für unfehlbar, verspürt keinerlei Machtgelüste und fühlt sich für sein Tun verantwortlich. Die Schüler respektieren ihn, ohne Angst; sie ahnen, daß es im Leben Sinnvolles zu lernen gibt, und sie lernen gern bei ihm, spielerisch. Der Mensch ist ja selbst ein Kind: Er kann staunen, naiv fragen, die schönen Dinge der Welt bewundern – alles bei ihm ist auf irritierende Weise Spiel.

Der Mensch kann männlich oder weiblich sein, in jedem Fall umgibt ihn/sie eine Aura von sinnlicher Lebensfreude jenseits von Moral und Pubertäts- oder Herrenwitzen. Ein Mensch, nichts weiter. So wichtig es ist, daß er an jeder Schule vertreten ist, so strikt muß darauf geachtet werden, daß kein Schüler mit mehr als einem Exemplar des Menschen in Berührung kommt. Sonst könnte der gänzlich falsche Eindruck entstehen, es handele sich beim Menschen um eine weitverbreitete Spezies, die auch im nachschulischen Leben häufig anzutreffen sei. Das ist, wie man weiß, nicht der Fall. Der Mensch soll und darf den Schülern lediglich vorgeführt werden, um die Hoffnung zu wecken, ihm später einmal irgendwo zu begegnen. Und was mehr könnte die Schule leisten?

tomate

Werner Georg Backert
Heiteres Reiselexikon
Von A wie Abreise bis Z wie
Zuhausebleiben (5940)

Gerd Dudenhöffer
„... alles geschwätzt!"
Heinz Becker erzählt (5949)

Inge Helm
Haste Töne
Kinder, Komik, Katastrophen (5773)

Jürgen von der Lippe
**In diesem Sinne, Ihr
Hubert Lippenblüter**
Erlebnisse eines Junggesellen (5859)

Jackie Niebisch
Der kleene Punker aus Berlin
(5525)
Die kleine Fußballmannschaft
oder Der Schrecken der Kreisliga
(5526)

Eine Auswahl
**Die Erlebnisse des
kleinen Trampers Jackie**
(5552)
Die kleine Schule der Vampire
(5553)
Rudi Woppers kleine Schwester
(5894)
Bände im Großformat

papan
Der undressierte Mann
Cartoons (5456)

C 2174/4